真如

也許你並不認識我，

那有什麼關係。

風就那樣吹著，

雲也那般飛著，

花香飄著，

我們同沐宇宙，

同享生命榮耀。

在某一盞燈下，
我寫著我的詩篇。

在某一處的屋簷下，
你唱著你心愛的歌。

那詩裡、歌裡，
飄逸著生命的鮮美，
如同夏日掛滿枝頭的果實般香甜。

我們熱愛著生命，
熱愛這個世界。

月亮升起了，
又大又圓的滿月，
千古的人們望著它，
渴盼離別後的團圓，
而你我也望著那一輪啊！

期盼所有的生命，
心懷朗月，永無熱惱，
清涼無限！

星星出來了，
蛙鳴在協奏。

牽著父親的手
走著的孩子，
問題比天上的星星還多。

孩子啊！
如星星般美麗純潔的孩子，
不是我們全人類都愛的嗎？
為了他們能有明山秀水、透亮的好空氣，
我們將辛苦地工作，
並積極改變這不圓滿的一切。

孩子啊！你知道嗎？

爸爸媽媽頭上的髮絲已經如雪了嗎？
是光陰奪走了那濃烈的黑色啊！
我們的生命神奇地茁壯而豐美了。

父母親啊！
在白雪飄飛的冬季，
我們的青春將如那一爐炭火，
溫暖、明亮於您們的生命。

我們殷殷地燃燒感恩之柴，
在連綿的雪花降落的時刻，
好想捧出火紅的那句話：
爸爸、媽媽！我愛您！我愛您們！

作者介紹 真如

幼年時期，即對「生離死別」感到難言的悲愴，從此開始了謙卑而堅定的追尋，直到值遇佛法，才驚覺離苦得樂的智慧都在其中，發願生生世世當佛陀的學生，探求一切真相的答案。

曾經跋山涉水尋訪善知識，成為哈爾瓦．嘉木樣洛周仁波切以及拉卜楞寺高僧根敦嘉措上師、洛桑嘉措上師的得意門生。之後終於值遇一生致力在漢地弘揚《菩提道次第廣論》的日常老和尚，成為老和尚的心子，受託於老和尚身後，承接了帶領福智團體的使命。

她的語言，一如她所創作的讚頌音樂，就像高山深谷間自在的行雲流水，當她造訪每一個內心深處的困惑時，不管遇到的是在浩瀚典籍裡鑽研的學者，還是行走於擾攘市井的家庭主婦，或是包裹著青澀困惑的少年，每一個心靈彷彿都能因為她靈巧傳遞的慈悲與智慧，找到一絲解開煩惱的信心與希望。

雖然被尊稱為老師，她自覺更真實的位置是學生，一個皈依佛陀的永恆修行者。

四季法語

真如 著

春 善念種

夏 無礙行

秋 破煩惱

冬 樂豐收

Spring

春 善念種

貪慕春日的花朵和柔軟枝條所撐出的形色，
而不忍剪枝，秋日就沒有甘甜可口的大香梨可吃。

234

取捨

想春日歸來時，曾期待再看到那白燦燦一樹梨花。不料映入眼簾的，卻是幾枝橫生的枝幹，和那上面稀疏並不茂密的花朵，點綴在散散落落的綠葉中間。去年那枝繁葉茂的梨花盛開，蜂兒鬧的風景，儼然已不再矣。驚訝之際，詢問之，原來是剪枝，為多收梨子，梨樹才變成了如此模樣。

靜立樹下的我，不禁沉思，凡事並不一定是看起來那樣，或感受上那樣的，到結果時才真見分曉。

貪慕春日的花朵和柔軟枝條所撐出的形色，而不忍剪枝，秋日就沒有甘甜可口的大香梨可吃。年輕時若盡是為浮華掠影所劫奪，忽略了斷惡修善、養德增慧的學習；或明明知道，也不願去做。那麼當秋天來到，只能看鄰家滿枝條的梨子，嚥下口水。

該捨的即須捨，該斷的即須斷，否則時光易過，空留遺憾。當然，對於梨樹而言，有人甘願春日之賞花，梨子可以他處買來。可對於人生來說，若盡貪些繁華，而未為後世打算，唯恐秋後算賬時，連一點甜美的未來都不曾準備，那樣的錯失，可不是損失幾口梨子的味道，而是千生萬劫的安樂！

大瑜伽師云：「現是從畜分出之時。」《入行論》云：「我心有何物？」凡大抵不能入道，多是貪戀現世浮華，未對生命做長遠打算，以致輕易地辜負了這千載難逢的人身啊！不可不慎！

——— 真如

祈願和樂遍人間

祈願人間天上所有的有情都能夠互相幫助，和睦共處；少壯者勤奮正直、年長者智慧慈悲；敬長尊賢、慈佑弱小；佛菩薩慈悲的精神，如風吹拂，善意如柳綠成蔭，和樂如花開似錦，山河如畫徐徐展，暖意如春遍人間。

1 ○○○○

善因的光明性

晨光初照，天空透亮。朝陽，從群山後放出萬丈霞光，噴薄而出，躍上虛空。此情此景，好似「善因」，其性光明，力量強大，萬物因它而得以生長茁壯。

2 ○○○○

利他心的燦爛

菩薩慈悲智慧的光明，宛如母親的慈手，永恆地撫在因生死而驚怖的有情頂上。所以不用懼怕輪迴的寒冷，不用懼怕輪迴的落寞，只要內心生起日輪般燦爛的利他心和空性光明，即可令輪迴溫暖，可舒萬類蒼生愁顏，可照天地，那就是菩提薩埵！ 3 ○○○○

讓心燈連成淨土

讓我們在這個輪迴的世界裡，用一盞心燈點燃另一盞心燈，不停地去關懷那些痛苦的人，當這份力量越來越大，有一天這個人間就會像淨土一般，充滿慈悲與喜樂。 4 ○○○○

生命中的光明

在黑暗中，那燈光，即使如綠豆粒那麼一點大，也是光明。善業就是我們生命中的光明啊！哪怕是一點點，既能照己，又能照人，亦可暖心。更何況，那點點燈光，光光相映，即成燈海。燈海所在，還會有黑暗嗎？

5　○○○○

追隨光明自成光明

如何將自己的心變成光明？發生每件事的時候，你的注意力、你的思考方向都是追隨著光明的角度的話，所造的業就是光明的。

6　○○○○

每人都作和平大使

在這個世界上，人與人之間內心的隔閡，實在是令人太痛苦了，何必要活在自己的孤獨世界中呢？大家努力作和平大使吧！

7 ○○○○

一念發心動大千

當我們內心中，發出真誠的「願諸有情具足安樂及安樂因」的時候，其實就在改變著這個世界。

8 ○○○○

改變從自己開始

當人們發起慈悲的念頭、發起探索空性的志向，就在改變著這個世界。昇華了自己的心念，周圍的人就會被利益到，而這個世界的美就多了一分，災難也跟著少了一分。

9 ○○○○

獻出自己的馨香

就像春天來了，各種花朵都可以綻放，最重要的是要為這個世界獻出自己的馨香，要為他人的離苦得樂之道，獻出自己的一分力量，這個心比什麼都珍貴！

10 ○○○○

願無邊有情離苦

希望無量無邊的有情，能夠感受到佛菩薩的慈悲，不再孤單、不再痛苦，不再飽受飢餓、瘟疫、貧窮等等的摧殘。

11 ○○○○

不要吝於發大願

有多大的善願、有多大的善心，就能成辦多大的善業，所以在發願上千萬不要吝嗇！不敢發大心最虧了，因為心的能力是沒有限度的，越限制它你越不自由、越痛苦，只能活在狹小的慧力中，何苦呢？

12 ○○○○

智者的快樂之道

我們每個人都要快樂，那怎樣才能快樂呢？代人著想、發善心、做善事、說善良的話，極大程度地擴展我們的慈悲心，這就是智者們發現的快樂之道。

13 ○○○○

佛如明燈善指引

佛陀、善知識的功德，就是他們完全了知怎樣去除痛苦的方法，又有愛他勝自的慈悲。他們就像指路明燈一樣，能賜予我們離苦得樂的最佳引導，清晰照亮腳下的每一步。

14 ○○○○

永恆的皈依

無論曾承受多少痛苦，只要我們找到了佛陀，只要能永遠地追隨他，學習自利利人，這一生乃至還有多少生的苦難，因為有他指引，有他陪伴，也都只是步步離苦、步步得樂的過程，是多麼的值得，是何等的美麗！

15 ○○○○

暇滿人身珍貴時光

擁有人身，又能夠聽聞佛法、抉擇善惡，用自己的身語意去利益周圍的人，乃至利益無量無邊的有情，這樣的光陰每一寸都是珍貴無比的。

16 ○○○○

堅持美好的善心

用一個美好的動機去面對每一件事情，會讓事情都變得單純。一個善心堅持始終，遇到敵對的眼光、誹謗的聲音等等，不論遇到什麼，還是要堅持你的善心。

17 ○○○○

慈悲心就是幸福

慈悲心是幸福的——你對別人慈悲，結果自己會覺得幸福，很像「予人玫瑰，手留餘香」的感覺。所以一定要學會對家人、周圍的人多生慈悲心，多表達自己的感恩心。

18 ○○○○

一定要做的事

什麼是對他人和自己都有利益的事？就是現在好，將來也好的，這個要做；有的時候看起來現在不好，但將來是好的，佛說這種事情也一定要做！

19 ○○○○

無窮大的回報

如果知道發心的利益，誰還願意費那麼大的辛苦，只賺一點點回報？所謂發心的利益，就是你布施別人一粒米，乘以無窮大；你點一盞燈，乘以無窮大；你禮佛一拜，乘以無窮大⋯⋯，全是這種一本萬利，而且穩賺不虧的事情，那誰還願意不重視發心？

20 ○○○○

第一位的陷阱

把自己放在第一位，一開始看起來是很佔便宜，但是久了會吃大虧，因為周圍的人都知道你是這樣的，沒人喜歡這樣的人！這時就會很孤單、很不快樂。

21 ○○○○

反其道而行的修行

有一個用慈悲心修行的辦法，就是當你自己不快樂時，選擇去幫忙別人，其實很快地不愉快的心情就沒有了。一定要廣泛地試驗這件事！ 22 ○○○○

守護福慧行布施

只要有心，如果沒有很多資財就供清水，或者供燈什麼都可以，這也是在修布施。最重要的是，當自己在享有往昔布施的善果時，內心善妙的等流習氣不要斷掉，這樣才能生生世世都一直擁有財富、健康、容貌、慧力等等的資糧。 23 ○○○○

「捨」與「得」的法則

你把很多東西布施給別人，最後卻會得到更多；把東西都拿到自己手裡，最後會什麼都沒有了，因果它就是這樣一個反向的運作。

24 ○○○○

虔誠求法是最好的供養

有一次我實在沒什麼可以供養，輪到我的時候，就跑到上師面前合掌說：「我除了虔誠求法的心，沒有什麼可以供養的了，可是我想要跟上師求得解除生老病死的空性的法，這樣的供養可不可以？」上師說：「太好了！這是我今天收到最好的供養。」

25 ○○○○

業果會增長廣大

因果法則是隱蔽法，不容易理解和發現。你看那橡樹種子就這麼小，可是一棵大橡樹長出來時可以這麼大，鋪地板、蓋房子都是用它。業果也有增長廣大的特色，你種了一個小小的布施因，它就會隨著你的歡喜、隨著你心的清淨，不停地增長廣大。

26 ○○○○

溫心苦心皆可傳遞關愛

一顆心如何才能溫熱？因為那心裡蘊藏了許多慈悲和感恩。我們一定要學會善於用善行、用對他人的慈悲，溫暖自己的心；心裡溫暖了才容易給予別人關愛。但是心像苦井一樣的人，能不能開始對一個孩子好呢？還是可以的。可不可以照顧老人呢？還是可以的。甚至可以給一隻流浪可憐的小動物，做唯一的依靠。在照顧他人的過程中，會發現自己的價值——你是可以行善的；就如一朵花，或苦澀香，或甜香，或淡雅香，那皆是香氣，皆可怡人。

27 ○○○○

勇士走的路

如果一開始學習佛法的目標很模糊，不是為了希求一切遍智、不是為了得到空性的智慧而學，可能會無法忍受學習的艱辛。因為這是勇士所走的路，不為名、不為利，只為解脫成佛！是為了心中最純淨的那個夢想，精進努力，無怨無悔。

28 ○○○○

心量多大世界就多大

心量有多大，你的世界就有多大。如果只為了自己，那活著，終究只能在太陽下看到自己黑黑的影子。如果心裡裝著很多很多人，就會常常不自主地想把一些溫暖或善意送給別人，因為想為他人的生命出點力，讓他變得更快樂，我要貢獻自己的力量！

29 ○○○○

點亮世界的明燈

善行真的就像點亮燈火一樣，當有一盞燈開始亮，慢慢就都亮了；而這一片亮起來的時候，就沒有黑暗了。那麼點亮這個世界的那盞燈到底是什麼呢？就是你心中的善意啊！對他人的那種無悔的關注，就是你心頭的明燈。 30 ○○○○

永恆可以原諒

當我們好像找不到任何一條理路可以原諒別人的時候，「因為他有生死的苦、因為他有煩惱的苦」，這就是永恆可以原諒他的理路。 31 ○○○○

珍惜每一分因緣

我們都是因為因緣而相聚的，在無始的生死流轉中能夠遇到，實在是件非常不容易的事情，劫數一來，就必須得散開。所以在彼此相遇的時候，要好好把握相聚時光，懷著非常善意的心，讓自己的生命對他人完成最大的饒益。

32 ○○○○

早晚要學會的事

關注別人可能是我們沒經驗的事，有的時候想關注別人卻寸步難行，好像不會走路一樣，很不習慣，但是試著起步吧！早晚有一天要學會這個，因為我們要成為菩提薩埵、要成佛，那麼就從我們身邊的人，甚至一個很不起眼的小生命開始，關注他們的生命吧！

33 ○○○○

高舉溝通的火把

要成就一個和合的團隊，不花血本的代價是得不到的。浪費那麼多時間憂悲苦惱，還不如在這輪迴的黑夜裡高舉溝通的火把，靜下心來傾聽，先去了解別人，才能把對立的狀況消融，建立溝通。而消融對立狀態的最佳武器是什麼？慈悲的心。

34 ○○○○

創造世上的溫暖

當許多善良、正直的人聚在一起相互幫忙，也去幫忙那些甚至是素不相識的人，就會在這個世界上創造一股溫暖的氣息。如花般的暖意，就在世上盛開。

35 ○○○○

切莫辜負好時光

好時光是什麼時候？就是在痛苦的時候！因為那是可以為這個世界創造美好價值的時刻，千萬不要讓心白白地受苦。能讓我們體諒他人，給這個社會更美好的回饋，這都是痛苦的價值。因為我受過那個苦了，我知道受苦的人有多痛，所以我要去幫他。

36 ○○○○

體會他人的真心

站在他人的角度上考慮，體諒他人的用心，想一想他為我做了什麼。雖然他為你做的那些事情可能你看不上眼，但他是出自真心為你做的。

37 ○○○○

習慣是練出來的

以自我為中心的這個習慣是練出來的，以他人為中心的習慣同樣是練出來的，關鍵是我們要了解其中的苦樂差別，心甘情願向以他人為中心的方向發展。

38 ○○○○

來生高貴之因

用自己的身語意能夠承事一個眾生，讓他得到一點快樂，這也是我們身為人能夠行善的本錢。為什麼會願意在眾人之中很虛心地承事所有的人，恭敬大眾，端茶倒水，像個僕人一樣呢？這就是我們來生會非常高貴的因啊！

39 ○○○○

細品每個人的心

有些人心中的美好，需要細細地品很久才能品出來，因為可能他不會或不願表達自己，可能他顯現出來的都只是他的弱點。如何真正地認識一個人，其實不是一件容易的事情，有時要花很長的時間，才能品味到他人心中的精美。

40 ○○○○

當個種花人吧

想要幫忙別人，想要成就別人的心，如種花人，且行且種，且種且行。雖然耕耘時，僅有路邊林下那不起眼的黑土，可一日春來，你再且行且看，那竟成——十里長堤滿眼花開。

41 ○○○○

發心與回饋

如果，我們供養的發心，像水晶一樣的清澈透明，折射利他的七彩慈光；那麼，將來的回饋也會是純淨光明的。純淨的回饋是什麼？就是只有「樂」，沒有苦痛與煩惱。

42 ○○○○

菩提心的利益

如果能夠生起對家庭、對社會、對全人類的責任感，甚至擴展到對所有生命界的慈悲心，或者希望造福一切有情的菩提心，這樣走到每一個地方，就會非常容易發現人們的美好，然後把這份美好傳遞出去。

43 ○○○○

Spring

成佛是究竟之路

要想自他究竟離苦得樂，沒有其他辦法，只有一條路——成佛吧！

44 ○○○○

由實踐生淨信

「供養三寶能生功德」這件事，是很多佛菩薩、祖師所承許的，我們可以一邊觀察抉擇、一邊供養，譬如供一盞燈、供一杯水、禮佛一拜……，一點一點去做，必須用我們的心去實踐了，淨信才會在心續中生長得非常堅固。

45 ○○○○

戰勝自己的喜悅

你很喜歡的一個小東西，當有一天決心把它供養出去的時候，獲得的歡喜心是什麼呢？就是戰勝了自己。當一想到這件事就會覺得：哇！今天做了一件非常棒的事情，我戰勝了自己一次！

46 ○○○○

心靈的力量

不要認為觀想供佛、請佛住世沒有功德，這樣的觀想有時比實際供養功德還大。千萬不要忽略心靈的力量！

47 ○○○○

普願眾生離苦得樂

在拜佛時可以發一個心：「願遍法界、盡虛空界，一切如母有情究竟離苦得樂這件事，全部荷擔在我的肩上。是為了令自他都能夠皈依佛、成就佛果這個目標，我來禮敬佛。」

48 ○○○○

敞開心胸接納

有時我們會覺得自己是世上最痛苦的人，但實際上有很多人遠比自己更痛苦，需要我們去關心。當我們敞開心胸，接納各種不同的人，不論他行走在你前面或後面，地位比你高或低，都能從內心深處隨喜他人的進步，也悲憫他人，積極勇悍地去除他人的痛苦。隨著我們心裡容納的人越來越多，自己的痛苦就越來越小。

49 ○○○○

放掉自我心自遼闊

懷著一顆坦蕩的心走向每一個人，那是完全利益他的心，一點也不期待從他身上索取什麼，你會在這個過程中體會到很多法味。那種莊嚴是放掉了自我，把生命投注在廣大的利他事業中所體會到的遼闊感。

50 ○○○○

可以一萬次被拒絕

如果把這顆利他的心，訓練得越來越皎潔、越來越堅定、越來越純粹——只是為了你能快樂，那就可以非常坦蕩地向前走。我可以一萬次地走向你、被你一萬次拒絕，第一萬零一次我又來了。過失不在你，是我還沒有找到不被你拒絕的方法啊！

51 ○○○○

病苦時心的轉機

當頭痛的時候，也可以觀想：「願盡法界、遍虛空一切如母有情的頭痛，全部都成熟在我身上，就讓這個業消除吧！」這樣想一下，頭還是在痛，但是心裡很快樂，這種感覺是很真實的！你會開始沒有那麼討厭病苦，因為它帶給自己的心一種轉機，不再那麼執著身體上的痛苦。

52 ○○○○

緣他有情能離苦

在最痛苦、最喘不過氣來、最難受的時候想一下：啊！如果所有有情這種令人窒息的痛苦，就在此刻都用我的痛苦把它消融，那是多麼美好的一件事情！其實這樣想一想，自己的痛苦也會降低。為什麼呢？因為很多痛苦都源於我愛執，一旦轉為緣到其他有情的時候，這個痛苦真的就會在現象界馬上減低了。

53 ○○○○

別讓難題收拾你

當感覺到一個問題卡了你太久的時候，要記住對佛菩薩祈求，然後要勤行懺悔、服務大眾集資糧，資糧夠了的時候你就會超越。所以要想辦法收拾難題，不要讓難題收拾自己。

54 ○○○○

送一切有情禮物

唸一句「嗡嘛呢唄咪吽」，心裡是為所有的人唸的，會感覺好像每個人都收到了自己的禮物。有時坐在房間裡也可以送一切有情禮物，就在那個瞬間，跟別人內心的通道全部都打開了，不會覺得自己跟別人好像有層層阻隔。

55 ○○○○

大慈悲心平等無別

佛陀所宣說的真理，是無論對行善的、作惡的都要生起慈悲的心，要讓行善的繼續增廣善業，也要讓作惡的盡量減少惡業，用大慈悲心平等地饒益一切有情。

56 ○○○○

老師的真義

老師是什麼？就是在黑暗的時候，做我們的光明；孤獨的時候，是我們的朋友；在迷惘的時候，引領我們了知抉擇取捨。

57 ○○○○

寬廣如大海的心胸

一旦把自己對他人的責任感，擴展到越來越大、越來越大時，就會感覺到自己的心胸像大海、如天空那樣寬廣。那將是生命一種什麼樣的壯闊感，我們此生願不願意去領略它呢？

58 ○○○○

改變身心傳播佛法

用你改變了的身心，用你純淳的善意，去為他人著想，而交到很多好朋友，佛法的傳播過程就是這樣。

59 ○○○○

善友相伴的美好

不管遭遇多少艱難，不管少年、中年、老年會有怎樣的孤獨，因為有很多善友在一起相互分擔、相互扶持，人生就會在美好中度過。

60 ○○○○

生命何其單純和美好

用最真摯、無染、純粹的心，想讓周遭的人快樂，如果從生到死就這一件事，生生世世就這一件事，那麼生命何其單純、何其美好！

61 ○○○○

一個樸素的願望

好好珍惜你面對的那個人，希望他的生命因為有你在他身邊，多一些快樂、少一些憂悲苦惱；因為有你一起承受著生命的苦難，他會過得好一些。就是這樣很簡單、很樸素的希望——凡是遇到我的人，我都想讓他更快樂一些，我要努力地為別人生命的離苦得樂奉獻自己。

62 ○○○○

和平從家庭做起

祈願世界和平，從哪兒做起？從家裡和平做起。多說幾句退讓的話，多說幾句感恩的話，大家的日子就會好過多了。

63 ○○○○

快樂從理解他人開始

理解別人真的會快樂嗎？那你試試吧！與其要求別人理解你，不如你去理解別人。快樂之道就這麼簡單，因為這樣做心就越來越寬，快樂就會越來越多了。

64 ○○○○

理解別人很容易

很多人覺得理解很難，其實很容易。當你不再只是想得到自己要的東西，願意忽略自己的感覺，認真地去傾聽別人的問題時，你會非常容易理解他。為什麼？因為在那個當下，自己已經不重要了，你就比較能聽明白別人的問題。

65 ○○○○

輪迴黑夜中的明月

輪迴的黑夜，有多少的恐怖和孤單，但有佛法明月光輝的照耀，我們得以生起勇悍和慈悲，去撫慰那些在黑暗中身心痛苦的人。 66 ○○○○

心中常念他人需

常常去想一想：此時此刻會不會有比我更苦的人，我能夠給予他什麼？想一想：我周邊的人心中在想什麼，我是否可以關注他什麼？ 67 ○○○○

看到更多可愛的心

像月亮一樣皎潔的教法光輝，會讓我們不是只看著自己的影子，會開始學習看到越來越多的生命，生動地活在自己的周圍——那一顆一顆的心，有的時候比自己的心更有趣、更值得關注，可能還要可愛很多倍呢！

68 ○○○○

慈悲的大海水

你發你的火、我發我的慈悲，我用慈悲的水滅你嗔恨的火，看誰能打過誰。你堅持你的憤怒、我堅持我的慈悲，憤怒是你的火焰山，慈悲就是我的大海水。

69 ○○○○

非凡的力量

我一定要堅持慈悲心，絕對不捨棄；要一直堅持對你好，永遠不退。慈悲比瞋恨、比怒火更有力量，能把一切隔閡都迅速消融，它像水一樣柔和，可是卻力量非凡。 70 ○○○○

善觀緣起的道理

你要跟一個非常飢餓的人講道理，必須先給他一碗飯，有時候甚至讓他洗個澡、好好睡個覺，清醒一點之後，才把道理講給他聽。這就是所謂的善觀緣起，要先觀察他所關心的事情是什麼。 71 ○○○○

養成關注他人的習氣

隨手做善行，隨時關注別人，關注久了之後，慢慢你就會有一種習氣，好像也不用費太大的力氣，就能了解別人需要什麼。

72 ○○○○

純淨利他心的力量

當我們心裡非常純淨地為他人的時候，就會有無比的勇氣；一旦夾雜著以我為出發點、以自我為中心的思路，自己的力量就不能發揮到極致，因為「我」終歸在那裡作祟。

73 ○○○○

見到一無是處中的陽光

學習佛法的人要運用智慧，善於從非常複雜、看來一無是處的事相之中，找到可以把它蛻變成非常積極和陽光的思路，這是內心上的功夫。 74 ○○○○

念念皆善自無憂

每日行一善、十善，到最後熟練了就隨手都是善、念念都是善。如果眼神看出去都是善、嘴邊說出去都是善，那還愁來生嗎？來生肯定在善趣！因為念念全變成善的，怎麼可能它的果報會在惡趣呢？

75 ○○○○

布施愛語暖人心

語言有表情嗎？我講了，你聽了，會笑、會溫暖、會行善，會被鼓勵的，那是愛語的力量嗎？化愁苦為歡顏，化沮喪為振奮，化麻木為感動，是愛語的力量嗎？當我用微笑、柔和的眼神，對你表達我真摯的感恩，你的心會為此而充滿暖意嗎？願我的愛語如花，在你的心中綻放，香飄人間。

76 ○○○○

讓自我靠邊站

當發自內心地把他人放在很重要的地位，讓自己慢慢靠邊、靠邊，只剩下一個小小的角落，到最後可能連角落也沒有了，全部是以眾生為自己生命的核心，這樣苦惱就會降到最低，就會非常地快樂！

77 ○○○○

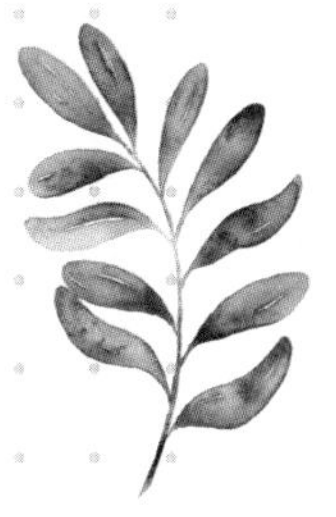

視眾生為獨一愛子

佛菩薩視眾生為獨一愛子。能把這麼多有情捧在自己的心上，如此細微地觀察著他們的需求和痛苦，找到切實可行的辦法援助每個人，這是一件非常不可思議的事情。

78 ◯◯◯◯

珍貴的善念種

發誓永遠做一個善人，不管遇到多麼強烈逼惱的境界，都不讓自己惡心萌發，保護著內心這個像光明、像燈火一樣的善種子，這是多麼珍貴的善心。

79 ◯◯◯◯

苦樂皆由業所生

要堅定地朝造善業的方向努力、朝止息惡業的地方撐持，因為所有樂皆由善業生，所有苦皆由惡業生，這是業果不變的法則。

80 ○○○○

也許我還是幸運的

只要我們留心他人的生活狀態，就會發現：也許我還是幸運的！看到很多人非常痛苦，他的精神、身體、家庭關係等等，可能在某種程度上已經是極限運作。那麼為什麼不把我的一點點關懷貢獻給他呢？

81 ○○○○

因果的法則

如果一直非常熱忱地去布施他人快樂、給予力量，有一天那力量就會從遠方、從近處，乃至從一個你從來沒有注意到的地方回來，這就是因果！

82 ○○○○

淨罪集資的真義

佛陀告訴我們斷惡修善的法，要照著去做！透過不斷地學習、實踐的過程，將以前錯誤的認知跟習慣逐漸地改過來，這個部分叫「淨罪」；從現在開始慢慢地了解如何行善，養成行善的習氣，叫作「集資」。如果我們現在就在淨罪集資的路上，即是正在離苦得樂的行進中！應該由衷地為自己感到高興，想一想，佛陀應該也會為此感到很歡喜吧！

83 ○○○○

Spring

讓善永不竭盡

我們在這個世界上所做的善行，即使好像只是一滴水那麼微不足道，可是一旦把它匯歸到「進趣無上菩提」的汪洋大海時，這些善就會永無竭盡。

84 ○○○○

點滴善行成美德

不要期待自己一開始就全部做得很好，因為這根本不現實。透過一段時間努力，我們的生命能比過去有所改善，這就很難得了！朝著一個光明的方向在改善，哪怕只有一點點，也是多少汗水與淚水換來的，可別小看啊！善行一點一點累積，到最後就會成就內心珍貴的美德。

85 ○○○○

堅持最可貴

在自己的起點上，能學多快就多快，慢也不必苦惱。這樣老老實實一步一腳印地走，即使你學得最末，能始終不退，這種堅持的精神也是最為稀貴的，定會成功。

86 ○○○○

財富由布施來

今生的財富從哪裡來？經典上寫得非常清楚，是從布施、供養這些善業來的。當然也有人說：「是我辛苦掙的。」那為什麼有人千辛萬苦也掙不到錢，有人就能掙到錢呢？要相信佛所說的——財富是從布施來的！

87 ○○○○

幸福的依靠

善心是我們幸福的依靠；不是對方給你多少理解、給你多少安慰。你自己的善意才是幸福的依靠，也是幸福的起點。

88 ○○○○

正確而圓滿的願望

所謂正確的願望是什麼？就是「真正能給自他生命帶來快樂，而且越來越快樂、越來越快樂，徹底遠離一切痛苦」，這樣的願望應該是最圓滿的。

89 ○○○○

法是光明與希望

聞法，會讓絕望的心有希望，會讓陰暗的感覺變成光明，會讓苦澀的心境變得快樂，會讓暴惡的心變得調柔、自私的心變得慈悲、狹小的心變得寬容。

90 ○○○○

地球人關愛地球事

因為我們不是活在月亮上，所以每一個人都應該要關心這個世界的糧食、土壤、水源、教育等生存環境的問題。我們是負有責任的，不應該把所有的責任推給他人。

91 ○○○○

Summer

夏

無礙行

鑽進淤泥，只有泥濘充塞；
飛到水上，便有亭亭荷花悅目， 陣陣清香撲鼻。

567

荷

鑽進淤泥，只有泥濘充塞；
飛到水上，便有亭亭荷花悅目，
陣陣清香撲鼻。

不要抱怨你處在何種境遇，
要慚愧自己活在何種高度。

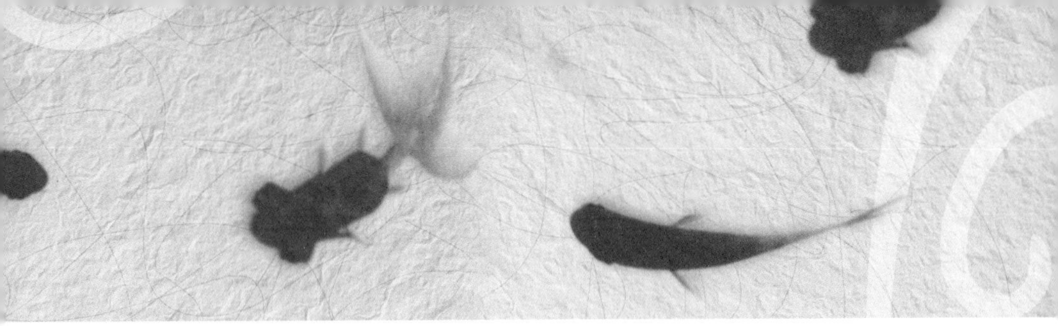

心不一樣，則境亦不同。
轉動內心之眼，
大千則隨之改變。
這是美麗的魔術，亦或幻術？
你學會了嗎？

最神奇莫過於佛陀的神變， 竟將生老病死幻變為殊妙勝樂。

不妨傾卻了身心，
傾盡了未來，

來！偉大嘗試！

——— 真如

信仰帶來力量

信仰，是心靈的方向。它啟發我們內心的慈悲和智慧，為生命帶來幸福和力量。日久功深，那糾結在內心揮之不去的煩惱，便可輕鬆打開。面對不幸和傷害，即使沒人為我們的痛苦說聲對不起，我們也有力量處理它，不會被它越套越死、不會陷在困境中不能自拔。

92 ○○○○

用心改變命運

一旦心被改變，命運就改變了；命運改變了，苦就越來越少、快樂就越來越多，這是我對佛法的信心。如果按照佛陀說的去做，我們一定會越來越快樂、越來越幸福。

93 ○○○○

法語如明鏡

法語就像心靈的明鏡一樣，每天都要照一照，把髒垢的東西即時除掉，愚癡才不會越積越厚，這樣就能成為一個快樂的修行者。

94 ○○○○

此刻就是修行好時機

什麼時候開始修行？就是現在，此時此刻！用什麼樣的心力修行？就用勇猛、專心致志的心。

95 ○○○○

自心即道場

在哪裡修行？就在各自的崗位、各自的地方，自心即是道場。

96 ○○○○

最踏實的起步

佛法是非常深邃的智慧，但是起步卻非常踏實，腳踩下去是落地有聲的——就從生活上開始改變自己。怎麼改變？造善業。怎麼造善業？從旁邊的人開始，給他一個微笑、對他表達感謝。

97 ○○○○

轉矛盾為橋梁

最美麗的風景、最明亮的燈，是我們心中的善，以及對他人的體諒和包容。一定要善於化解同行之間的矛盾，把矛盾都變成增進友誼的橋梁，這就是轉違緣為道用。

98 ○○○○

一個轉念法門

人與人相處不太容易，如果常常很不愉快，不妨試一試：拿一個小本，寫下那個最討厭的人的十件好事，看能找出幾件。能不能每天找出十個看他順眼的地方？比如他什麼事情做得很好。持續寫下去，慢慢就會發現：啊！這個人有很多善良處可能是被我忽略的，很多他的用心也是被我忽略的。 99 ○○○○

你的雙眼想看到什麼？

雙眼從一個窗口看出去，是看到滿天的星辰，還是地上的泥濘，選擇權完全在自己。我選擇看什麼，我的世界裡就有什麼。 100 ○○○○

楷定心的方向

實際上去練習觀功念恩之後，早晨就會很留心：今天我會看到什麼好人好事，看到別人的什麼優點？心就會朝著別人的優點、功德，以及善行的部分去觀察。它楷定了我一天對待別人的心理方向。

101 ○○○○

觀功念恩看到希望

觀功念恩實際上就是一種生活態度。在困境和麻煩的事出現時，是否好的東西也同時存在？觀功念恩就是要在困難、麻煩、苦難和很多很多痛苦之中，發現這樣一個希望。

102 ○○○○

最幸福的人

當我的心對別人所做的一切感到麻木的時候，是自己的心變冷酷了吧？心變冷了，自己會幸福嗎？絕對不會。心裡裝著滿滿的感恩的人，是最幸福的。

103 ○○○○

讚美是最簡單的心鑰

其實跟別人說幾句讚美的話，他就開心了，但我們總把事情搞得太複雜，不會用非常簡單的方式處理。

104 ○○○○

凡事都從「好」處看

養成一種習慣，一看就會看到別人哪裡好、哪裡善良、哪裡無私、今天幫忙多少人，都從這樣的角度去看待別人，沿著這樣的方向，假以時日自己就會體會到越來越多的幸福感。

105 ○○○○

練出感恩心

感恩心如暖陽，暖熱生命；如泉水，滋潤心田，是生命不可或缺的幸福之飲。感恩心由何而生？念恩。如何念？練習。一天練幾遍？可以很多遍。怎麼練？把每天計算別人有多少多少對不起我的角度，轉成他人有多少多少饒益我、幫忙我的感恩的角度。這樣練習下去、練習下去，有一天，我們才能感恩我們的敵人，因為他這樣傷害我、折磨我，我的心才會昇華，才讓我生起了稀有的證德，超越了煩惱的瀑流、超越了煩惱的傷害。

106 ○○○○

原諒別人的理路

就算這個人對我很不好，我通常都用一種方法原諒別人，就是：他在生死輪迴中，我不要跟他計較了！生死的大苦、愛別離、怨憎會等等的痛苦他都將承受，這些苦已經把他折騰得不成樣子了，所以我就原諒他，應該好好幫忙他才是。 107 ○○○○

感恩之人最富足

當我們慢慢練習感恩心，會更廣闊地看到更多人、更多生命在此時此刻對一切的付出。任何好的事情都不是從天而降，要學會感恩大眾。有人說：「哪裡有貧窮？抱怨的人就貧窮。哪裡有富足？感恩的人就富足。」 108 ○○○○

幸福的籌碼

感恩心是幸福的籌碼，心裡裝得越多，實際上幸福感會越強。

109 ○○○○

不要失去行善的力量

無論在家裡或者在什麼地方遇到問題，千萬不要失去行善的力量！用報復心對別人，最終會損失了自己的福報，自己傷害自己。沒有人可以真正傷害你，只有自己放棄了行善的動力、放棄善待這個人的想法，地獄之門才會為自己敞開。

110 ○○○○

離苦得樂在當下

對父母、對親人、對小孩，甚至老師對學生、學生對老師，員工對老闆等等，這個社會中人跟人之間的關係，如果常常能從肯定別人善意的這個角度，用一種很寬容、很感恩的心去溝通的話，這樣活過一生，真的會感覺到「離苦得樂」四個字是怎麼實現的。就這麼簡單。

111 ○○○○

快樂來自發現善

找一些讓自己開心的事情，就可以用非常歡樂的心情度過每一天。例如：發現別人的善心、發現自己的善心，這樣就會很開心。

112 ○○○○

念恩度越絕望谷

單單是「念恩」，即可幫我們度越人生多少絕望時光。僅僅照著經典上這幾行字，認真地想，就足以在最苦的時候給予我們最深的安慰，讓我們徹底振奮，不敢頹廢、不敢變成壞蛋。

113 ○○○○

期待挫折後的崛起

打開自己的心，會讓我們沒有太多的怖畏，尤其是與人相處的時候，願意對大家敞開心扉，就更能夠用比較積極的態度，看待自己生命中發生的那些不愉快的事情。甚至慢慢會有一種期待：在每一個不愉快、每一個挫折後面，都有一個崛起在等著我。

114 ○○○○

轉業的地平線

當我們由於自己或他人，生命遭到重創，而掉到深深的谷底，一無是處，一片黑暗時，徹底放棄並不是解決之道。可否將那人生低限，看成是地平線。黑暗與光明都發生在那條線上，太陽從地平線落下，又從地平線昇起，何處殞落，何處新生！

115○○○○

百折不撓的修行之路

凡夫剛開始修行有沒有可能不做錯？念頭有沒有可能不錯？不可能！所以做錯之後，第一時間不要去哀嘆，內心正念的大軍就在眼前，能立刻召集的救援部隊就是「懺悔法」，趕快整頓，讓自己重新獲得鎧甲、重新獲得寶劍，開始還擊，把善法的城池搶回來，這就是百折不撓的修行之路！

116○○○○

全心關注他人

真正想要生起菩提心的時候，就會非常在意自己有沒有為他人拚盡全力。如果自己對他人的問題有所保留，沒有想盡辦法去幫忙，就會覺得遇到這個人卻沒有徹底利益他，心裡會非常過意不去。

117 ○○○○

加油！行善的人

行善並非易事，先要扭轉自心的方向。風和日麗下的善行，美妙溫馨，淒風苦雨中的善行，更如彩虹亮麗。無須停下腳步，行善的人們啊！加油！

118 ○○○○

扭轉為「我」的習慣

發心遇到的最大問題，就是以他人為中心、還是以自我為中心的這種拉拔，一旦跳躍過就習慣了。以他人為中心久了之後，偶而突然想到「我」，就會覺得很慚愧：「怎麼又想自己了呢？這並非快樂之道。」所以這是一個習慣的問題。

119○○○○

君子和而不同

勇於溝通，並真心地接納不同的想法，就算有不同的想法，還是可以成為很好的道友。

120○○○○

省察三門斷苦因

一定要了知自己現在的心在想什麼、嘴在說什麼、身在做什麼。必須有了知自心的能力，當它趣向傷害別人的方向時，要如馴馬師一般把它拉回來，因為斷除了從三門自害害人的行為，我們的未來才會快樂。

121○○○○

改變痛苦的記憶

當感覺被傷害的時候，要去緣念三寶，這樣的話，事後回憶到那段痛苦時，也會同時憶起緣念三寶的心。當痛苦強烈地一直揮之不去，一定要把三寶的力量注入自己的痛苦之中，去改變那種記憶。

122 ○○○○

守護意業不容緩

很多痛苦都是從意業開始的。發現自己的意業已經開始在犯罪的時候，要懸崖勒馬，不可以再往前去一步。因為想久了，自己的身體、語言就失控了，到那個時候再想把它拉回來，就來不及了，所以一定要警惕自己的意業。

123 ○○○○

坦然面對錯誤

犯錯時有一條思路：走過了最黑的地方，光明就在前面。由於看到了心靈黑暗之處，就可以去對治它，對治後這個弱點就不存在了。基於這個原因，我們可以坦然面對自己的錯誤。 124 ○○○○

滴水之惡不可輕

像水滴那樣小的惡業，由於不懺悔，日積月累地繼續造作下去，到最後它可能會變成像大海那麼沉重的惡業。在嘻笑著、很輕鬆的狀態下造作的惡業，未來的果報可能是我們承擔不起的。 125 ○○○○

包容他人的理路

為什麼他會這樣？因為他很苦啊！事實上每個人都很苦，所以沒必要在彼此的矛盾上苦上加苦，一直要在他受不了的地方再去折磨他。何妨就給他一個空間，讓他可以度過毛病還沒改的這個時候。

126 ○○○○

懺悔須知惡因

必須要找到「因」是什麼，為什麼我一直要做這件事？到底合不合理？佛陀說這樣做是不對的，為什麼我一直要這樣做，我到底有沒有道理？把它想清楚！懺悔要這樣。

127 ○○○○

沾髒了更該洗淨

我們犯了錯，通常會在那裡恐懼啊、憂惱啊。其實這除了更深地折磨自己，絲毫幫助也沒有。如果沾染了罪惡，更應急速地跳進清淨的水池，洗滌自己，因為罪業是可以懺悔淨化的。 128○○○○

修出懺悔的善法

道歉的心如果生不起來，或者有了道歉的心，卻沒有勇氣跟別人道歉，不能任由它這樣。懺悔是個大善法，一定要把這個善法修出來！ 129○○○○

拜佛改變命運

專一至誠，以全部的身語意，禮佛！口中緣念佛名，意中想佛，身體禮佛，當下心境開朗真純，雜念全無。透過拜佛，可能會實現心中的夢。堅持拜下去，有一天，似乎就發現了一個全新的我，也發現了一個全新的世界。因為身心、氣質都改變了，所以此生後面的命運也都改變了。

130 ○○○○

迎向最亮麗的陽光

只要在佛前供上一盞燈、點上一炷香，或者站在佛前看著佛菩薩的容顏，那慈悲深邃的眼神，永遠像一束最亮麗的陽光，照亮我們的內心深處。

131 ○○○○

祈求時就不孤單

祈求的時候，會覺得佛菩薩在傾聽，至少在那時不會覺得是自己一個人面對困境，有佛菩薩和我在一起面對。

132 ○○○○

從更高的緣起看事情

一旦去皈依祈求，就會從一個很長遠的生命角度、很寬闊的緣起，去看待眼前發生的這件小小的事情。

133 ○○○○

皈依是永恆的依靠

皈依，就是在任何危險、孤獨無助的境界之中，有一個永恆保護的力量，那是我們生命深處一個非常非常溫暖、始終會發出力量的依靠。

134 ○○○○

依教奉行方能除苦

佛陀不是用水洗除我們的罪，或者用手拔除我們的痛苦，而是我們要依照他講的真理去認真地改變自己的生命，如果像他所說的那樣改變了，我們的痛苦就消失了。

135 ◯◯◯◯

一定要成佛

佛陀這麼圓滿的狀態，為我們的生命樹立了一個目標：我將來也要像他一樣！這就是學佛最究竟的目標，我們一定要成佛！

136 ◯◯◯◯

解決問題的良方

我們常常苦於事情到底該怎麼辦，冥思苦想地找辦法。其實有一種辦法就是祈求，它會讓我們的心從現有的智慧層面上，更上層樓地去考慮問題。當慧力提高的時候，就知道這個問題該怎麼解決了。

137 ○○○○

改變角度心更寬廣

祈求會改變我們的業力，改變我們看問題的角度。看問題的角度一變，很多問題就看開了。凡夫最大的問題，就是執著此時此刻的現象是諦實的、永恆不變的，所以必須改變自己的現行，我們的理路才能在更廣闊的空間悠遊。

138 ○○○○

挫敗只是虛妄的心情

挫敗感只是一種心情，並非我的生命真是那樣。

139 ○○○○

戒律是什麼

沒有戒律就沒有佛教。戒律是什麼？就是二六時中看著自己的身口意，不要趣向惡行，要趣向如法行。

140 ○○○○

持戒是最深的回饋

世上有很多善，但有一種善叫戒善。受戒者從傳戒的善知識得到戒體，翻無始輪迴的「迷」為「覺」，翻害人為利人，心心念念只要持戒迴向這個世界，那就是最宏偉的資糧善，是對這個世界深深的報恩與回饋。

141 ○○○○

相信因果歡喜持戒

為什麼會好好持戒？相信因果呀！佛陀說現在快樂、將來還是快樂的事情，要不要做？要。現在快樂、但將來痛苦的事情，要不要做？不要。現在痛苦、將來快樂的事情，要不要做？要。

142 ○○○○

戒律的味道

戒律的味道就是清涼，可以熄滅內心煩惱的熾烈火焰，讓我們的生命安住在一種安全舒適的狀態。快樂的因會出生快樂的果，苦澀的因會出生痛苦的果。持戒就是快樂的因，所以會結快樂的果！

143 ○○○○

內心的一輪明月

為什麼要學戒、持戒、讓戒律清淨呢？就是為了得到快樂啊！因為所有生命都渴望內心的那一份清涼和悅意，而這一條路佛陀已經指給我們了，就是戒律！每一件事怎麼做全部都說得清清楚楚，如燈明照，腳下踏實，依之而行，大千雖闊，何事非持？持之越久，清涼越勝，彷彿有一輪明月，朗耀內心。

144 ○○○○

如是因如是果

我們必須清醒地知道，死後能帶往他世的是業，而業就是我面對別人造作身語意行為所累積的，這些到最後都會回到自己頭上。就像對著大風舉起火把，一定會燒到自己；如果對著風散花，回到自己身上的也是鮮花。

145 ○○○○

光明與力量的生源

在任何取捨的幽暗之處，唯有藉著善知識點亮的這盞燈，我們才能夠看清腳下的路。在心靈面臨非常艱苦的斷崖時，也唯有憶念善知識的教誡、想到善知識對我的慈悲，才能生出一個力量，就是「我不要退！」

146 ○○○○

修信能生無窮心力

對善知識的信心是一件非常奇妙的事情，它產生的力量能讓我們穿越數不清的困境，好像心力無窮。有時遇到困難會覺得：啊！大概沒有什麼力了。但是只要憶念到善知識，就會堅決地想到：因為他走在前面，我必須跟隨，沒有退路！力量也就生起了。

147 ○○○○

領受照進身心的陽光

善知識的心，像一個完美的世界，是我們在這個苦難的世間，被很多業障、邪見所障蔽時，能夠照臨到我們身心深處的陽光。只要用心去感受這陽光，生命就會無限地溫暖。

148 ○○○○

善知識在乎什麼

善知識不在乎你過去怎樣，他在乎的是你未來會怎樣。因為在乎你的未來是否幸福，所以會格外珍惜你的當下。

149 ○○○○

飲水思源

當我們站在一棵千年的大樹前，會驚歎它怎麼葉子這麼繁茂、樹幹這麼粗壯，而有心人就會感恩：是誰種了這棵樹，我才有今日的蔭涼！ 150 ○○○○

轉變追尋快樂的方向

修信念恩會讓我們的生命有所轉變，不再依靠外在物質或者感官的滿足來讓自己快樂。由於善知識不停地指引，真正的快樂就在省察自心的過程中真實地產生。 151 ○○○○

信心由不斷串習而來

修信，就是讓我們的心經過不斷地觀察、串習，成為那個信本身。所謂的修，就是原來內心沒有的證德，透過數數地熟練、數數地串習，令它生起、令它茁壯、令它圓滿。 152 ○○○○

走向美好的秘訣

如何擺脫心靈的重壓，吸取到正能量？就是面對事情時，嘗試看到它積極的一面，擺脫只看到不好一面的習慣。心靈之眼一直注視著美好，就會下意識地跟著它，走在美好、光明之中。

153 ○○○○

養成光明的思路

一定要去想：這件事情它積極的一面是什麼？要不辭辛苦地訓練自己，養成光明正向的思路習慣之後，遇到任何問題都會很勇敢、很歡喜，因為眼睛總是能看到那些美好。視野之下，遍佈生機，一路光明，喜樂倍增！

154 ○○○○

明天的我可以不一樣

今天的我，明天可能煥然一新，這是佛法最不可思議的地方！所以千萬不要把自己或別人看死了。

155 ○○○○

愛自即是眾苦因

以自我為中心的偏執，攪擾著那一湖靜水，但凡有事發生，怪外境的習氣便魚貫而出，甚至一發不可止，無奈越執著苦越多，不如對境當下，痛擊我愛執，生命方獲幾許清涼。

156 ○○○○

決斷前行必勇悍

所有的苦難，最終都會讓我變得更勇悍！所以必須在這條菩提路上決斷前行，沒有剎那的猶豫，也不要有一絲絲的退意。

157 ○○○○

改惡習要真修實練

什麼東西做久了都會習慣，不停在惡行面前屈服也是習慣。不停作小丑也是習慣，不停欺騙別人、欺騙自己也是習慣。修行這件事情是不能靠謊言來撐的，對治習氣必須要付出極其紮實的努力。

158 ○○○○

時時覺照自心

修行要能夠每時每刻洞悉到自己的心靈在發生什麼事情，並且善於引導自己的心走向正確的方向，不停地棄暗投明。學習覺照的第一步，要先打擊最粗猛的煩惱。

159 ○○○○

善知識示現悲智行

好好學經論，就會在親近善知識的過程中，看到很多很多如經論上所寫的佛菩薩的事蹟。它不只是一個古老的傳說，或很遙遠的行徑，而是從善知識身語意的示現中，會清晰地看到一種真實悲智功德的流露。

160 ○○○○

轉換苦樂標準

由於我們的心一直在正法上串習的緣故，會慢慢不喜歡散亂的狀態。因為一旦品嚐到寧靜、微妙、不可言喻的喜悅時，誰還會去希求那種會帶來很多過患、讓心裡不寂靜的所謂「快樂」呢？由於薰習佛法的原因，我們生命中苦樂的標準會發生轉換，我們的行為方式也會發生轉換。

161 ○○○○

有限生命中該追求的

人生就這麼短，得在有限的時間裡取得最有用的訊息。什麼叫做有用？對眾生離苦得樂最有價值的、不隨著時代變遷而改變的真理。

162 ○○○○

佛陀最深的悲心

不必恐懼談生死，因為佛陀最深的悲心，就顯示在大家無法可想的生死問題上。佛陀想出辦法、走出了出路，而且那麼多修行人都衝出了輪迴，為什麼你我要一直在這苦難的生死城裡流連呢？

163 ○○○○

千古真理如百鍊金

佛法如果經不起質疑，怎麼能夠成為千古傳頌、這麼多傑出的人都依之修行成就的一個真理？所以它經得起質疑，越質疑會越顯示它的純度，就像黃金被火鍊一樣。

164 ○○○○

律己是修行根本

解脫之路、成佛之道是從要求自己開始的。在一切境界中，請把目光轉向自己的心念，再看看嘴在說什麼、身在做什麼，一定要把持不要造惡業，這是修行最重要的事情。

165 ○○○○

靠近佛菩薩的機會

碰到的困難越多，提醒自己向佛菩薩祈求的機會就越多，這樣的話，每一次的困難都更加密切了自己和佛菩薩的聯繫，到最後就密不可分了！

166 ○○○○

依戒如理作善友

利益一個人、幫助一個人要依於戒，讓他對戒律生起希求心、信心。令他作惡的時候作不成，做善的時候都能成就，這樣的人就叫作善知識和善友吧！

167 ○○○○

依善士語淨惡業

如果做了壞事就永遠不可救藥，那懺悔不就是空話了？所以在苦果還沒有成熟之前，依止善知識的教誡，對惡業進行有力的淨治，會產生不可思議的力量。

168 ○○○○

修信以為根本

信心是怎麼來的？修來的。所以在親近善知識的時候，修信是最重要的根本，這也是整個成佛之道的命脈、根本。「根本」是什麼意思？如果沒有這個，就不會有其他的枝幹或花果。

169 ○○○○

萬善根本由師出

「萬善根本從師出，能生利樂如良田」，每斷一個過失、生一個功德全賴於善知識。從開始發心、中集資糧到最後成佛，整個成佛之路我們不可能離開善知識獨自去成就。所以值遇善知識後，最重要的一點就是要持續不斷地修信念恩。

170 ○○○○

溝通從傾聽開始

每個人都可以做溝通的高手，先要學會尊重他人，不要強硬地把自己的觀點塞給別人。如果能付出真心聽對方說話，花時間了解別人內心的苦楚和難點，那就更佳。因為你願意作他的忠實聽眾，有一天當你說出真知灼見，他也會認真地傾聽。

171 ○○○○

法如明珠能淨濁

法本身的作用就是清涼，有滌淨煩惱的作用。就像一杯渾濁的水，一顆明珠放下去之後，水就變得澄澈。

172 ○○○○

相互撞擊進步快

一堆馬鈴薯如果單獨一顆一顆洗，會費時良久。若集中一起，放入水中，不停攪動，相互撞擊，泥巴就掉得很快。大家的優缺點不一樣，互相碰撞、互相學習，很快地一些問題就解決了。

173 ○○○○

主宰自己的幸福

就內心的狀態來說，感恩就代表著幸福，抱怨就代表著不幸。所以活在天堂還是活在地獄裡，自己能不能主宰呢？

174 ○○○○

對境覺察提正念

改變世界從改變內心開始，改變內心從改變知見開始；要改變自己的行為，從每一次對境提起正念開始；而提起正念，是從每一次對境的時候要覺察現行煩惱開始。

175 ○○○○

拔除惡習最痛快

只有對付自己，打倒自己的惡習的時候，才會感受到真正的痛快。

176 ○○○○

心念決定生命方向

語言就是思路的一個騰飛，一念一念的連結。你最初的動機趣向哪裡，你的語言就會帶著你趣向哪裡，心念趣向哪裡，最後生命就會趣向那裡。

177 ○○○○

命運握在自己手上

一分善業一分快樂，真實不虛，命運就握在自己手上。已經知道了什麼叫惡、什麼叫善，只要在克制自己習氣的部分再努力一些、再努力一些，快樂的路就會越走越堅定。

178 ○○○○

久練成精熟

在對治自心的經驗上慢慢積累、慢慢積累，這樣練個十年、二十年。生生世世練下去，就成為高手了。修行熟練的人就知道怎麼對付自心的煩惱。

179 ○○○○

最大的勇士

佛陀是大勇士，從來不避諱人生的每一分痛苦，不會用一種塗清涼油或者掩耳盜鈴的方式，去解決我們生命的苦果和苦因。他都是直擊性的，直接抽劍、直接擊斃痛苦，從不躲閃。

180 ○○○○

揮別缺憾種未來因

與其抱怨生命中有這麼多缺憾，不如把那些缺憾的，在自己生命裡種植出來，以後就不缺了。

181 ○○○○

修行要從自身找問題

希望我們能習慣一種思路：在自己身上找問題，並設法解決它。修行之路即是如此。 182 ◯◯◯◯

決斷力能破一切難

對我們的生命來說，一旦決斷了就沒有困難，因為我將衝破一切困難。 183 ◯◯◯◯

Autumn

秋 破煩惱

在秋風漸緊，寒意來襲，萬木漸呈枯瘦的時節，
楓樹穿上最豔麗的新裝，挺立於大地，貢獻於人間，暖熱著人心。

8 9 10

十月，送你一片紅葉

十月的北國，天高遠而遼闊，雲依舊變幻著各種形狀在天空，猶如揮灑的畫卷，舒展著別樣風情。十月深秋，在加拿大的北國，在楓葉都紅了的時節，我在想念你們，大家還好嗎？

水邊，橋畔，婀娜佇立的大小楓樹，紛紛獻出那一樹豔紅或深紅或淡紅，這一片火熱風景，如此奪人眼目，令人流連忘返，嘖嘖稱歎！而有的一棵樹上，居然有三四種顏色，鵝黃，淡綠，淡紅，豔紅，繽紛入眼，美葉紛呈，鵝黃嬌美，淡綠寧靜，淡紅如畫，那豔如紅珊瑚般的楓葉，就飄搖在這層層彩色之中，藍天綠地上，隨風舞動的紅楓葉，像精進的雲雀，唱著振奮的讚歌。

在秋風漸緊，寒意來襲，萬木漸呈枯瘦的時節，楓樹穿上最豔麗的新裝，挺立於大地，貢獻於人間，暖熱

著人心。那收藏了一個春夏的熱忱，忽爾全部開放，像經過長久修行的心續，頓時綻放證悟之花，送出了片片鮮紅的菩提心葉，彷彿安慰著所有生命。它忠實守護著秋日時光的燦爛，將那萬千的奪人美麗，徹底絢爛於秋色風光之中，成大地上最璀璨的詩篇。

十月，送你一片紅葉，別忘記修行人的一身風骨。即使秋風正緊，寒意漸濃的時境，也應傾盡所有熱誠，開放出這一樹燦爛。

立於天地之間的那一身火紅楓樹，因片片紅葉而熱烈；面對逆境與困窘，我們也應運用善念，將違緣化為道用，在逆境時加深修心功力。就如這楓葉，將違緣轉為遇難發心之助緣，從而在冷風中燦爛開懷！盡情長養大乘的善妙修力，從而伸向那深邃又蔚藍的空性虛空。

——— 真如

痛苦真正的原因

希望大家真實地洞悉到，是什麼原因使自己過得這麼痛苦，是不是沒遇到好的人、沒遇到好的事情，還是自己不會快樂的方法？如果是不會快樂的方法，那麼可以「學」如何快樂，可以「練」這個心，讓它學會朝著快樂的思路去。

184 ○○○○

痛苦來自錯誤的思路

痛苦從哪裡產生？錯誤的理路。想錯了生命就越來越苦；想對了，生命就越來越快樂。如果越想越痛苦、越想越痛苦，要趕快從你的思路裡把心拉回來，這個方向顯然是不對的；如果越想心裡越慈悲、越寬容，那麼這樣的思路是我們應該採取的。 185 ○○○○

擺脫苦難是最輝煌的事

我們看事情就會只看現在的苦，所以修行感到辛苦時就會想退，但實際上我們現在正在做一件最輝煌的事——正在經歷擺脫苦難的過程。 186 ○○○○

煩惱絕對不能累積

如果有一件事不能累積的話，那一定是煩惱！如果有一件事需要馬上去做的話，那一定是對治煩惱！因為放縱我們的心容蓄煩惱，是對自己最大的傷害。

187 ○○○○

善用智慧能安忍

佛法中所謂的「安受苦忍」，就是用非常智慧的方式去處理痛苦。本來痛苦已經這麼多了，如果不智慧地處理，可能會變成極難堪忍，但是如果能用智慧面對，至少會降低大半，甚或可以全部淨除。

188 ○○○○

踐踏痛苦最痛快

哪有比踐踏痛苦更痛快的？「你壓迫我，我就把你踩在腳下！」這樣心力會越來越強大，生命會越來越散發出一種強大的光芒。所以痛苦沒有毀滅我們，恰恰是這種種痛苦成就了我們！

189 ○○○○

何必被怨氣所綁

其實怨氣綁住的不是一個人，是兩個人或者更多人。所以還是寬恕了比較好，寬恕了別人，自己也被寬恕了。

190 ◯◯◯◯

用短暫人生創造無限價值

很多人都想要變得更美，那就好好修忍辱，利用這短暫的人生是可以達到的。想變得更有智慧的話要怎麼辦？研習經典、尊敬有智慧的人、恭敬法寶，還有在佛前供燈等等。在這一小段生命的努力，對於我們無限生命的影響是非常非常深遠的。

191 ◯◯◯◯

斬除生氣的習慣

正因為有人總是惹我們生氣，最好把自己喜歡生氣這個毛病徹底改了，這樣就算所有的有情有一天都來敵對我們，我們都不會再生氣了。要訓練自己的心，在對境的時候能夠非常熟練地調伏，有一天我們就會變成徹底不會生氣的人，像彌勒佛一樣，永遠都開心。

192 ○○○○

轉苦澀為快樂

當發現自己有一種習慣的思路，會讓自己的人生過得非常苦澀，那麼就要把這個習慣改掉，改成快樂的思路。有快樂的思路就會有快樂的心境，有快樂的心境就會有快樂的人生。如果自己快樂，就會帶給家人、朋友快樂，無論走到哪裡都會帶給人家快樂。所以快樂真是一件非常珍貴的禮物，擁有它的人會非常非常地富足。

193 ○○○○

凡夫的苦受

當痛苦來臨，感覺苦受似乎被無限增大時，要意識到：這是一個凡夫感受上的認知，並非感受的那般真實！

194 ○○○○

從初發點擊潰苦

當我們的苦受如大海的濁浪拍天，這時再用功就有點晚了。要從心裡開始有一絲絲的不悅、一絲絲的傷心時，就以正念之矛數數擊刺我們的苦受。

195 ○○○○

學習以法調心

學會用法調伏心，學會用法穿越困境，學會用感恩的心看待你所得到的一切——包括痛苦。

196 ◯ ◯ ◯ ◯

抓出煩惱背後的堅固見解

任何熾盛的煩惱後面都有一個堅固的見解，要把它找出來，才能真正降伏煩惱。

197 ◯ ◯ ◯ ◯

氾濫成災的思路

想要達到生命深沉的寧靜和喜悅，就必須戰鬥內心中那些亂七八糟的見解。沒有用理性分析過的思路，就像潰堤的河道一樣，會造成災難。

198 ◯ ◯ ◯ ◯

不要對自己失去耐心

要懂得欣賞自己與煩惱戰鬥的過程，不要每次都看成是失敗。哪怕比上一次多堅持一秒，都是成功！多鼓勵自己，不要常常對自己失去耐心。

199 ○○○○

方法正確還需上陣練

我們已經找到能對治內心煩惱的法，它悲憫和清涼的力量，能讓生命的痛苦慢慢變弱。接下來，就要透過聞思把理路學習清楚，然後上陣實練。

200 ○○○○

下決心讓自己幸福

下個決心讓自己幸福、快樂，別習慣生活在憂悲苦惱和各種情緒的糾結之中，這才是真正漂亮的選擇！

201 ○○○○

痛苦來自錯誤的安立

當一個人開始為「我」辯解時，我愛執會極度膨脹，其實我們並不會因此感到快樂。正是因為迷失了對空性的觀察，以為過失完全都是在對方那邊，沒有一個自己的分別心安立上去的作用，我們才會有這麼多痛苦。

202 ○○○○

以歡喜心滅除憂瞋

有了歡喜心就沒有憂慮，沒有憂慮就不會有瞋恨，沒有瞋恨就不會有傷害，不會去做傷害自己和他人的事。

203 ○○○○

正理源於淨智

正理是什麼呢？正確無垢的道理。非常簡單地說，它是清淨的智慧對於事物所安立出來的量則。

204 ○○○○

訓練心的力量

當我們的心越來越有力量的時候，就可以挑戰越來越大的痛苦；克服痛苦之後，心又會越來越有力量。力量一直增長，到最後就可以摧滅一切痛苦。

205 ○○○○

智慧是幸福第一要素

我最想要擁有的財富就是智慧，最不能捨離的摯友、導師也是智慧，最不能離開的光明也是智慧，最不能失去的、像山一樣的依靠，也是智慧，因為它是幸福的第一要素。

206 ○○○○

澈見一切得大樂

有了對一切都了解的智慧，就能遠離一切恐怖、遠離一切顛倒的認識，生命會進入徹底大樂的境界。

207 ○○○○

溝通的基礎

溝通要在不散夥的狀態下才能進行，如果老存著一種想另起爐灶自己幹的心，是沒辦法溝通的。

208 ○○○○

起點無論高低

不管自己的起點有多低，都要敢於面對，並且就從這樣的起點上開始修行，這沒有什麼不光彩的！因為所有的生命，都需要在自己的起點上開始向前邁進。

209 ○○○○

比生命還重要的珍寶

無論什麼理由、什麼困境，都不足以使我們放棄佛法！因為它是比生命更重要的珍寶！佛菩薩在因地裡甚至捨棄生命，都沒有捨棄佛法，我們那一點點困境又算什麼？

210 ○○○○

靜心能生善行

一旦我們的心安靜下來，不再被情緒所控制的時候，就能夠看清楚自己怎麼了，這個時候該行的善就都能起步行起來。

211 ○○○○

以法調心自清涼

如果不用法向內調伏，大大小小的事都會帶來痛苦和麻煩；如果能藉助法的力量向內調伏，內心就會獲得安穩和清涼。

212 ○○○○

常保快樂的方法

練習每天警醒、覺照自己的心，這樣的話到八十歲、九十歲，甚至也有人一百多歲了還是很開心。老就老，很開心，越老越開心；病就病，病也可以開心，躺在床上也可以開心。

213 ○○○○

瑣碎中彰顯真理

用平庸的認知，面對每天的生命，那些瑣碎煩擾也只是瑣碎煩擾。換一種神聖的心態，看待生命中的林林總總，如一片水晶折射太陽的光輝，當你定睛觀看，哪怕是一件樸素無華的平常事，也能顯現出真理的璀燦光芒。

214 ○○○○

法語是行事的準繩

當有什麼事需要找一個依靠作為準繩去抉擇的時候，祖師、佛菩薩的法語，就是我們的心該朝向那裡動轉的一個指示燈，只有依著它動轉心的方向，我們才能夠離苦得樂。

215 ○○○○

攀登者

當我們背起簡單的行囊，去征服教典的高峰，體力與耐力的瓶頸，長久地卡在一個高度，困頓地無法攀登時，空氣稀薄，飢寒難耐，寒風成了你披著的戰袍，飛雪成了你唇邊唯一的食物。而你要達到的頂峰，在不可見的虛空深處。勇士啊！不要絕望，請凝神斂心！在你心中的蓮花月墊上，妙音天女天衣飄舉，抱著她的樂琴，正為你彈奏著無死之歌；勇士啊！不要絕望，請側耳傾聽！遼闊的虛空中，遍佈著為你擂響的戰鼓；廣闊的大地上，殷殷渴盼你採回不死甘露的鮮花，正濃烈芬芳地盛開。 216 ○○○○

努力造善趣向佛果

如果心續就是出生佛果的地方，我永遠不會失去我的心續，那為什麼要憂悲苦惱？只要在每一次會墮落的境界上，努力去造善業往上走，最終一定會超越惡業的追討，乃至成就圓滿的佛果。 217 ○○○○

薰習正法生命昇華

當下一念的痛苦，實際上並沒有實質的自性，就像陽燄和閃電一樣虛妄。了解這個道理，對自己執著為苦的這點，就會覺得很可笑。隨著不停地薰習正法，對自我的認識會不停加深，對自己執著的東西會一次又一次放掉，慢慢增長智慧和慈悲。觀察觀察，焠煉焠煉，漸行見行，行到雲深處，心無半點塵，胸中皎潔，自然天遼地闊。

218 ○○○○

心靈風暴的庇護所

就像大風雨來了，鳥都躲到樹林裡，好像躲進媽媽的懷抱一樣，那心靈的風暴來了，我們要躲到哪裡去？一定是躲到佛菩薩的教言之中，這樣就會得到清涼。所以越是危險、越是煩惱的時候，越要去憶念佛菩薩的法語。

219 ○○○○

注視死亡才知道該怎麼活

有人說：「不要一談佛法就談生死。」實際上必須注視死亡，我們才會知道該怎麼活著！ 220 ○○○○

辯論的意義

要學著去喜歡跟自己唱反調的人，因為沒有他的挑戰，我的正理寶劍怎麼會越來越銳利？正由於他總是站在反方，一直提出對立的觀點，我們就得拼命學習教理來對付他。一直交鋒，一直對決，最後佛陀的正理在我們內心，就如持劍的勇士，劍鋒光華璀燦，威震一切邪解誤解！我們的心胸坦蕩如大海，正見堅固如須彌山王。 221 ○○○○

捨自能得大自在

「愛自己就是痛苦的因，愛眾生就是快樂的因」，這句話佛在兩千五百多年前已經講了，我們信不信呢？信了之後，到關鍵時刻捨不捨得放下自己？捨得下你就贏了！現在捨不下，到最後死主來時也是都拿走了，什麼也留不下。所以還是早一點捨，就早一點自在！

222 ◯◯◯◯

勿因他惡毀自善

當你被深深地傷害的時候，請不要放棄做一個好人的理想，因為只有心裡想好的、嘴上說好的，身口意都做善行，生命才會越趨完美。如果相信因果，就不要因為別人的錯誤而毀滅自己。

223 ◯◯◯◯

心情不好更要堅守目標

有的人心情不好會放棄目標，其實心情不好更要堅守目標。因為就是過去造了惡業，沒有好好修行佛法，才會心情不好。如果在心情不好的時候，再放棄造善業的機會，那接下去可能會更加地心情不好。

224 ○○○○

聞法能生智慧

為什麼聽佛法就會發現自己錯了？因為聽法會讓心慢慢地平靜下來，平靜的心才能夠生起取捨的智慧，看到孰是孰非；就如一方靜湖，白晝可照雲霞飛鳥，夜晚懷抱燦燦星空。

225 ○○○○

妄想才是最危險的敵人

最危險的敵人，是自己那些狂妄的想像。一件很小的事，透過非理作意的扭曲，會變得面目猙獰，如同鬼怪，完全不符合事實的真相，此時如何能做出正確的判斷？

226 ○○○○

壓力越大越能撐出剛骨

面對困難苦練久了之後，越大的壓力壓到你頭上，你的反抗力越大，到最後就變成大力士，可以撐起一片天！別人都倒了就你站著。然後看你站著，旁邊有些人就會跟著撐起來站著，所以經歷的苦難越來越多、越來越多，一個一個修行人的剛骨就全都立起來了。

227 ○○○○

助人也是自助

每個人的成長都需要有他人的幫忙，善知識就是這樣生生世世帶著我，我才走到今天。現在輪到我幫助別人，實際上這也是一個幫助自己的過程，就是去學習如何幫助別人，學習如何在很多很多壓力下，堅守利他心，不斷地朝著光明的方向精進思惟，勇悍前行。

228 ◯◯◯◯

淨化惡習的緣起

正是要靠著幫助別人的緣起，淨化無量劫以來的種種惡習：以自我為中心、無視他人，不希求般若智慧等等，所以一直都在無明的束縛下，過著暗無天日的生活。常常思惟一下，向前走就會有力量！

229 ◯◯◯◯

締造神話的信念

我的生命有一個締造神話的信念，非常希望跟諸位分享，就是：我不向厄運屈服！我覺得現在的生命狀態是不圓滿的，我就要改變它。不到無死國，精進永無止。

230 ○○○○

鑄造未來的神祕之手

有一雙神祕的手在鑄造我們的命運——那就是心，我們心中的每個起心動念，就在鑄造自己的未來。

231 ○○○○

與煩惱奮戰到底

面對一個邪惡的煩惱習氣，我們必須要數數地修，就是一天一天、一月一月、一年一年，乃至一生一生，矢志不移地戰鬥下去。

232 ○○○○

與其擔憂不如奮鬥

與其胡思亂想、擔憂自己的未來，不如打定主意當下好好奮鬥。

233 ○○○○

四字箴言

有的時候一直努力、一直努力，結果還沒有出現，這時就看一看：我努力的目標有沒有偏誤？如果依據經論確定方向沒有錯誤，次第沒有倒亂，現在還沒有出現結果怎麼辦？四個字——「繼續努力」！

234 ○○○○

苦樂操之在我

一旦發現我們的心，對自己是否快樂負有決定性的責任時，就會特別振奮，用很大的力度來了解自心。了解了苦樂是自己可以去造作的時候，怎麼能坐在那裡白白受苦呢？一定會行動起來，去息滅惡業、廣造善業！

235 ○○○○

轉心

這個世界是不是很不完美？那佛陀為什麼以指按地，它就變成金色的淨土？到底是它真的不完美，還是由於我們的心不完美，使得映入我們眼簾的世界就是不完美的？那麼要訣在哪裡？就是轉心！

236 ○○○○

離苦得樂必須勤學苦練

如果想了解離苦得樂是怎麼回事的話，我們必須勤學苦練——勤奮地學習教理，然後對境當下要徹底掃蕩自己的無明煩惱！

237 ○○○○

不要停止對真理的追尋

不要停止廣學多聞，不要停止聞思修空性，不要停止對內心中苦受錯誤的根源再再地尋覓、再再地探察，一定要找出到底是什麼原因使自己這麼痛苦，然後去息滅它。

238 ○○○○

佛法的了悟在心

佛法的「懂」和一般的「懂」完全是兩回事，那麼它的區分到底在什麼地方？看內心有無轉變。

239 ○○○○

苦不會因怕就不見

我們的生命能不能真正離苦得樂？百分之百可以！因為造什麼業就感什麼果。如果遇到事情就只想到困難或抱怨，就會陷入負面情緒的泥沼中，完全不能動彈，也會越來越沒有膽量、越來越萎縮。可是苦不會因為我們怕就不見了，必須提起所有心力超越它去造作善業！

240 ○○○○

生死事大、修行最急

死盯著眼前的小事反覆串習的話，就會變得好像很大。就像眼皮上沾了東西，看出去就會覺得很龐大，但把它拿下來看，可能還沒有芝麻大。實際上到底什麼事最大？生死事大！什麼東西最急？修行最急！

241 ○○○○

修行人的習慣

正知正念是用來護戒的，以正知力常常去觀察，看自己的正念在不在。修行人的習慣就是這樣的，它是一種不斷調伏自心的過程。

242 ○○○○

苦樂由心安立

快樂和痛苦都是我們的心製造出來的。當別人罵我們、不承認我們，或者歪曲事實，把話都顛倒著說，就用它來製造快樂、造作善行吧！因為一切境界都是沒有自性的，苦樂取決於我們內心對境的安立。

243 ○○○○

把壓力轉為動力

學會把壓力變成動力、把弱點變成優點，如果在內心上訓練這種能力的話，再多流言蜚語來的時候，我們可能會越來越感覺到平靜，乃至極其深度的平靜。

244 ◯◯◯◯

最強大的軍隊

有時候我們正念的軍隊，還是打不過煩惱的強敵，所以需要對佛法大量地串習、思惟。在這種狀態下，精進如法地聽聞，就是在培訓我們摧伏煩惱最強大的軍隊。

245 ◯◯◯◯

洞察秋毫抉擇身心

聽法的時候，必須抖擻精神、全力以赴，要非常注意自己三業的造作。應該讓我們的慧眼不染塵埃，洞察秋毫，對三業的觀察要像粉末一樣細緻，不可以像大塊的砂石一樣非常粗糙，自己在做什麼都不知道。這就是用所聞的法，數數抉擇自己的身心。

246 ○○○○

超越生死的正見

佛說的正見有兩種：一種是世間的正見——業果見，它可以讓我們好好持戒，不墮落三惡趣，得到人、天的果報；另一種是出世間的正見——空正見，可以讓我們無視於死主的挑戰，超越生死輪迴、得大自在。

247 ○○○○

Autumn

微笑的力量

實際上一個微笑的力量，在內心中存留的感覺是很久的，而且是正向的，所以請多布施你那燦爛的微笑。

248 ○○○○

忍耐寬容並非怯懦

其實忍耐和寬容不是一種怯懦，反而正是一個人大度和勇悍的表示。就如靜靜的大海，沉靜恢宏、溫柔而雄渾，像微笑著的勇士。

249 ○○○○

不必憂愁的理由

「若事尚可為，云何不歡喜？若已不濟事，憂惱有何益？」如果把這兩句話實踐在生活中，這樣的人生簡直太壯麗了！因為再也沒有什麼事可以嚇倒我們了。可以改變的痛苦我不愁，不可以改變的痛苦我也不愁，那請問還有什麼愁事嗎？

250 ○○○○

苦難賜予的禮物

儘管生命中有很多痛苦，如果能以苦為道，就能在每一個痛苦中發現苦難的價值，讓自己成長；在自己成長了之後，發現又有陷在苦難裡的人，還可以去救他。所以，苦難給我們的禮物不僅是提升自己，還能幫助他人。

251 ○○○○

從反省中超越自我

每一次發生爭端時，如果能反省到：我是在無明生死中，會顛倒苦樂的真相，實際上這就是一個凡夫的基本行相。那麼每一次的爭端，都讓我立志要超越凡夫、成為聖者，要看清一切事情的根源，把苦的根本全部拔掉。

252 ○○○○

頑石可雕心定能轉

認真學、認真去體會，照著佛菩薩講的那樣認真地去改變自己，一定會被改變的！心又不是石頭，為什麼不能改？就算是石頭都可以雕出傳世精品來，為什麼我的心不能轉變？

253 ○○○○

選擇當個勇士

挫敗感其實只是一種心情，不停地戰勝它，就是勇士的風采，否則就永遠陷溺在困境裡裹足不前。選擇權是在自己手裡，看你要怎麼做。 254 ○○○○

更紮實的努力

嫉妒心，就是總覺得自己擁有的比別人少，但這樣並不能得到想擁有的東西。如果缺福報就趕快培福，缺智慧就趕快去聞思，這樣努力更腳踏實地。

255 ○○○○

歡喜心何處尋

覺得自己什麼也做不對，什麼也不會，生不出歡喜心的時候，聽聽佛菩薩的故事，或思惟暇滿人身以及善知識的功德，想這些就會生歡喜心。所以當你的生命周圍好像找不到值得歡喜的事時，要記得去找佛菩薩。 256 ○○○○

以慧力削弱煩惱

痛苦來臨的時候，會發現痛苦好像黏在身心上、綑綁著我們，甚至是死纏爛打，一直逼迫著我們，怎麼甩也甩不掉。一定要想辦法用慧力對治它，用智慧善巧地削弱煩惱這種緊密黏著的力道。

257 ○○○○

注視生命的大苦

一旦注視到生死大苦的時候，眼前的這些小事情根本不會放在心上，因為再痛也比不了生死的痛、墮落惡趣的痛。

258 ○○○○

絕不向惡念屈服

絕對不要向心中的惡念屈服！不要在乎它有多惡，也不要在乎它有多可怕，我們要做的就是跟它鬥，把它殲滅！

259 ○○○○

空性的利斧

空性慧就是一把利斧，可以把輪迴的根剎那砍掉，從此永脫生死，不再輪迴。

260 ○○○○

離苦先助人

在自己痛苦的時候，能選擇先去幫忙別人，這樣的人一定會幸福的！

261 ○○○○

秋日的感恩

秋日的田野，五色斑爛，一片豐收的喜悅，善知識啊！我望著善行的心田，感恩您慈悲的恩賜啊！

262 ○○○○

發現寬恕

當我們反省自心的時候，就會發現寬恕。

263 ○○○○

蓮花出自淤泥

勇士是從什麼地方出生的？膽小怯弱、自私自利、嫉妒比較、心裡跌宕起伏、名聞利養心一大堆，就是從這些爛泥灘裡生出了勇士的蓮花。不要小看自心中的佛性，一旦它得到善知識的啟發而萌芽，就會在這些煩惱的糞土中，開出最美的蓮花，亭亭出塵，卓爾不群。

264 ○○○○

要怎麼收穫先那麼栽

幸福是索求來的，還是因為付出而收穫的？要想得到別人尊重，先尊重別人；要想得到別人的感恩，先去感恩別人；要想得到別人的恭敬，先去禮敬別人，常常禮敬佛菩薩、禮敬眾生，自然會得到他人的敬重。

265 ○○○○

從心深處拔除苦因

佛陀說，所有痛苦的因都在我們心中。所以必須把內心深處的問題解決之後，痛苦才不會再發生。

266 ○○○○

正遍知之義

佛陀又叫「正遍知」，就是對所有事情都有正確、不顛倒的了解。他也是透過長久的修行，不斷增長內心的悲智而達到的。

267 ○○○○

戰爭由瞋起

在任何地方我們都應該息滅爭端，達成人與人、人與自然之間的和平，希望全世界的人都能和平相處，息滅心靈的戰爭。所有的唇槍舌戰，乃至流血的殺戮等等，這一切戰爭都是從內心的瞋恨、對立開始的。

268 ○○○○

轉動命運的巨輪

行持不只是身口的行為，實際上行持是從內心開始的，要從內心的意樂改起，思惟正理即可轉動命運的巨輪。

269 ○○○○

胸懷天下蒼生

慢慢地擴大自己的心量，以後就可以胸懷天下蒼生，不依靠他人，自願承擔所有眾生離苦得樂的責任，這就是增上意樂。

270 ○○○○

大乘道的扼要

佛陀的教誨就像一盞明燈，告訴我們對境的時候，應該捨什麼、應該取什麼。在整個大乘道中，最重要的扼要就是菩提心，如果沒有菩提心，就無法成佛；不能成佛的話，就達不到生命最美妙、無悔的境界；不要說利他，自利也是不圓滿的。

271 ○○○○

實現美好的願望

一定要相信善有善報、惡有惡報，把心底裡的惡徹底清除掉，生命才能如自己所想要的那樣。想要親近善知識、常隨佛學、快點證得空性，或者生起剎那也不忘失的菩提心，這些美好的願望，都會因為努力斷惡修善而實現。

272 ○○○○

充滿內心的幸福

如果能夠把握值遇到善知識的因緣，好好地跟他學習，善知識的恩澤就足以充滿我們的心。當我們的內心充滿之後，我們就可以獻出更多的關愛給他人，讓幸福充滿世界。

273 ○○○○

修行樂無憂

經典裡的每一條理路，都是針對我們內心的煩惱，如果能好好依教奉行，一一調伏，心裡真的就會快樂無憂。

274 ○○○○

Winter 冬

樂豐收

不管大地多麼寒冷，不管有多少生命懼怕著寒冷，
只要有一個日輪，就可以溫暖萬類蒼生，就可以照亮天地。

11 12 1

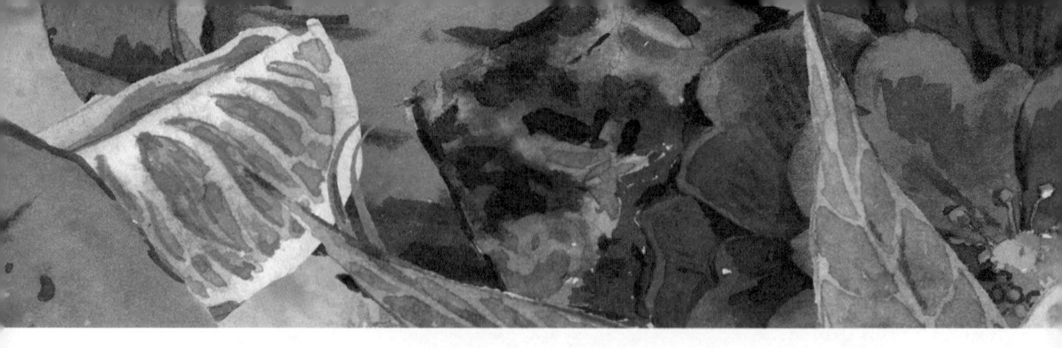

心之日輪

天氣真的很冷！可是當太陽的臉從雲層露出的一瞬間，大地彷彿又回到了夏日一般。看到路邊長長的草，被風吹得匍伏在地上。當陽光漫灑，彷彿像銀條一樣，有些草上還有露珠兒，陽光輝耀，每一棵草宛如頂著一顆顆鑽石，亮閃閃的，美侖美奐。

陽光慷慨地把極大的溫暖布施給我這個生病的人，那光和溫暖直透心底。不禁想到，不管大地多麼寒冷，不管有多少生命懼怕著寒冷，只要有一個日輪，就可以溫暖萬類蒼生，就可以照亮天地；不管輪迴的世界多麼寒冷，只要佛菩薩散發著像日輪那樣衝破輪迴黑暗的光芒，整個苦海即可亮麗。那慈悲智慧的光明，宛如母親的手，撫在因生死驚怖的有情頂上。所以不用懼怕輪迴的寒冷，不用懼怕輪迴的落寞，只要內心生起日輪般燦爛的利他心，和日輪般的空性光明，即可令輪迴溫暖，可舒萬類蒼生之愁顏、可照天地，那就是菩提薩埵！

日輪無需助伴，精進不息地散發出強烈的光明、強烈的溫暖，黑沉沉的大地變得多采多姿，天空變得明亮，賦予大海一片蔚藍，讓所有的小生命感覺到猶如母親懷抱般的慈愛，

這就是太陽的光芒、太陽的熱力。如果我們的心綻放出這樣的悲智之光，定可以令輪迴的黑暗退去，令輪迴的寒冷粉碎。

不需要助伴，只要內心生起這樣強悍利他的意樂和無自性的光明，即可以最大限度地利樂有情，這是一個多麼令人振奮的理想！想到這個理想，就會讓人雙手緊握、眼含淚水，它震撼著、激勵著多少的生命，鼓舞著多少顆心，我好想立刻去成辦它！即便花上幾生、幾百生，甚至長劫的努力，如果有朝一日能有太陽般的火熱溫暖的心，永不枯竭，永不寒冷，永不退卻，只是散發光明、溫暖、熱力，令萬物生長不息，那該多麼燦爛！博大的、吞吐蒼海、容納虛空的心啊！荷擔一切有情離苦得樂的重擔，還覺得其樂無窮，有如幻化的彩虹般絢麗的心啊！

一旦擁有，夫復何求！

可竭老死苦海，可濟愚昧貧窮，永不落寞，永不恐懼，永不孤單的太陽般的心啊！快快生起吧！快快生起吧！

——— 真如

走向生命的大自由

每個人都想得到自由，其實能不被煩惱束縛，才是生命的最大自由！讓內心徹底從無明中醒覺，就像從惡夢中醒來，得到一種完全清晰無謬的認知。切斷煩惱的根本及其習氣，心靈才得以擺脫重擔，行到彼岸，自由飛翔。

275 ○○○○

徹底拔除苦根

為什麼要去除無明的根本？因為所有的衰損、痛苦，包括所有的心情不好、人際關係不好、沮喪等等這些麻煩，都是源自無明。如果我們不把這些痛苦的根源徹底地去除，總是在一些枝末上掙扎，想要解決生命的問題，實際上還是從一個深坑掉到另一個深坑，繼續承受不一樣的苦罷了。

276 ○○○○

遇困難時自我提問

在遇到困難時去琢磨：我遇到了什麼事？遇到了這件事，我的反應是什麼？而這個反應的結果又是什麼？反之，這件事的正確反應應該是什麼？它的結果又是什麼？兩者對比一下，何者能真正的離苦得樂，我們就應該選擇那一個。

277 ○○○○

困境不過是念頭

所謂的困境、所謂的低沉和絕望，也就是幾個念頭來回轉的問題。你用對了方法就會發現：心好像一個風車一樣，這邊的風一大，嘩！朝那邊，那邊的風一大，朝這邊。它是很靈巧的轉動。

278 ○○○○

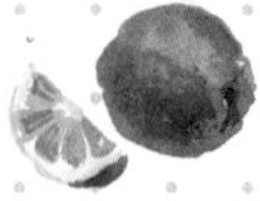

雲後有明月

不要被遇到的困境所困。困境雖然如黑暗陰沉、厚重、恐怖，但它依然具有暫時性，待我們勇敢地穿越了它，就會看到雲層後面的月輪有多麼美、多麼皎潔！我們的心就像那深邃的天空，也是很博大的，當有一天真正認識到它的時候，就會發現最寬廣的是心，最美麗的也是心。

279 ○○○○

心的力量

我們的內心有極其罕見的力量，一定要善於運用這種力量，把它變成是善的力量、和平的力量、慈悲的力量，讓這種力量充滿自他的生命。

280 ○○○○

修出歡喜如湧泉

開心是怎麼來的？修出來的，不是從天上掉下來砸到自己的，是修出來的。是要天天用功夫，歡喜才會在心裡像泉水一樣一直湧出來、一直湧出來。

281 ○○○○

佛教確實的利益

佛教之所以千百年來被很多人矢志不移地追求，是因為它確實能帶來心靈的和平與清涼，以及人與人之間的相互尊重。它能化解仇怨、使頹廢變精進，甚至給病弱在床、飽受人生重創的人們一股強勁的力量，讓他再度奮起。

282 ○○○○

光明溫暖的大樹

我們的信仰可以讓我們的心成為這個世界的光明，慈悲心會成為很多很多人一個溫暖的依靠。就像一棵大樹，各種小鳥都來了，無論是習慣放聲高歌的，或淺唱低吟的；白色的、黑色的、彩色的，身著各色衣衫的小動物；大如雄鷹、小如螞蟻都來了。因為有一棵大樹，大家都聚集在一起，依靠著大樹而居。

283 ○○○○

勿輕小善

你現在對境每一步的善、每一步的自我超越，也許你自己覺得比芝麻粒還小，但是實際上它所產生的作用、果報，可能連虛空都不能容受！

284 ○○○○

堅持正確的道路

不要怕、不要猶疑、不要退卻，堅持下去一定會成功的。只要方向百分之百正確，為什麼我們不能達到快樂呢？

285 ○○○○

超越痛苦便是喜悅

身心上的痛苦，有的時候透過修行，可以產生忽然超越它的感覺。那麼一個瞬間，你覺得超越了它，就好像痛苦突然消失了，內心充滿了感動和喜悅。

286 ○○○○

法喜從何而來

所謂的法喜是怎麼得到的？從聽聞經典的當下，會諸根愉悦，心湧歡喜。再再研究智者的理路，數數思惟，感動如雲，歡喜如雨。進而學會更廣泛的、更清晰的抉擇角度，來調伏身心相續的問題，所得到的法喜更是喜不自勝啊！

287 ○○○○

困境是自我超越的契機

如果用一種非常積極的心態，去面對所遇到的困境，有可能現在覺得過不去的這個關，正是你展翅高飛的時刻，因為你會完成對自己極限的超越。

288 ○○○○

澈見真理盡除諸苦

如果沿著正確的知見去努力，有一天澈見真理的時候，也就是所有的苦惱都消除的時候。 289 ○○○○

真理如何澈見

真理到底如何澈見？如何勵力心志去探討真理？那令自他都能夠得到饒益的正知見是什麼？要走向從所未經之地，沒有一個良好的環境，不跟隨真正了解的嚮導善知識去走，沒有幾個人能走過去吧！懈怠、散亂、我慢、怯懦等諸多的內外障礙，還有身心的種種病苦，這些都足以摧殘自己的道心。所以應矢志不移，緊隨師行。 290 ○○○○

沒有學不會的道理

遇到自己不會的、不懂的，要怎樣？要學！學了不懂怎樣？再學！再學還不懂怎樣？再學！那再學還不懂呢？繼續學！直到把它學會、直到把它學懂。實際上，方法如果對，又有老師教，怎麼可能永遠都學不會？

291 ○○○○

苦樂自心作主

這一生是苦惱還是快樂，誰來作主？修行人要自己作主。要過苦惱、墮落、絕望，乃至悲觀的一生，還是欣喜、慈悲、智慧的一生，抉擇權完全在自己手裡。就像訓練有力的手臂，透過心智的訓練，當心越來越有力的時候，不但自己容易化苦惱為清涼，也能有力地支援他人離開痛苦。

292 ○○○○

開發內心無限的潛力

如何從自己的眼、耳、鼻、舌、身所認知的狹小範圍上，去加深對於這個宇宙或內心世界的探索？因此佛菩薩為我們宣說了修心之道，一定要把所有的力量專注於內心。因為內心的能力被開發後，會遠遠地超越現在眼見、耳聞的一切，這種探索在時空的跨度上，將會是無限的。

293 ○○○○

佛法是省察自心的教育

佛教更像一種教育，就像上大學的感覺，因為佛陀有太多的思路，會跟自己碰撞。當我們完成一種對自我心靈的省察、提升，乃至淨化，就能超越表面這些不停波動的現象，用非常審慎而理性的態度去看待問題。

294 ○○○○

菩提心的大威神力

了解了菩提心的功德，看到諸佛菩薩的威神之力，就會生起非常羨慕歡喜的心，也想做一個偉大的菩薩。因為所有的有情都想要最美好的東西，菩提心既然如此美好、如此超勝，如此具有大威神力，為什麼我們不要呢？

295 ◯ ◯ ◯ ◯

改變世界的開始

希望我們一起讓這個世界變得更美好！哪怕你的努力就發生在一盞燈光下，就只面對一個人，你對他說幾句感恩的話，哪怕寒冬臘月，一句良言善語，亦能暖心暖意，實際上世界會因為你的感恩心而改變。讓這改變就從感恩我們身邊的人開始吧！

296 ◯ ◯ ◯ ◯

生命的目標

佛法偉大的力量，透過一年一年地聽聞、討論，慢慢浸潤我們枯燥的身心。佛陀的悲智力，透過善知識的教誨，一點一滴滋潤我們的生命，讓我們從只注視今生的苦樂想到來世，了知生命的目標是要究竟離苦得樂、要成佛，而且要幫忙所有的眾生都走上這條路，都成佛。

297 ○○○○

累積福報回向菩提

如果我們能依外在的殊勝境，又依內在的殊勝發心，累積到很大的福報，要將這個福報迴向正法久住、眾生安樂；迴向為了芸芸眾生的解脫，我早一天生起菩提道的證德、早一天去證得佛果。尤其大乘道是以菩提心為根本，這個發心非常非常需要廣大的資糧。

298 ○○○○

聽法啟發抉擇慧

法音入耳，抉擇取捨的美玉瑽瑢之聲，充遍身心。耽著感受、味於取捨的愚癡濃霧，漸散漸去，我們輕輕騰躍，脫離現行煩惱的泥潭，飛翔於清晰喜樂的抉擇之天空下，目及遼遠，審慎當下。

299 ○○○○

生命長遠的贏家

每個人都是自己生生世世這家公司的董事長，你自己決定，是只忙眼前利益，還是要注意到更長遠的利益。用眼、耳、鼻、舌、身、意運行的這家公司，你看得越遠、贏得越多。

300 ○○○○

問題如山也如紙

不要把自己的問題看得太嚴重，其實有的問題差不多就像隔一層窗紙那樣，一捅就透，你就突然明白了。明白之後就不會再覺得像一座巨山一樣壓在自己的身心上。

301 ○○○○

珠寶的河流

為大眾效命的人，福報是不會窮盡的，就像一條珠寶的河流，怎麼看也看不到盡頭。

302 ○○○○

淨化心續的事業

佛法的事業，它的核心就是淨化我們的心續，如果我們把以自我為中心這種習性從內心全部淨化掉，成為堅固的菩提心等流，那輝煌佛果，便指日可待。

303 ○○○○

在菩提心樹下乘涼

教小孩教到心情煩躁時，可否找到一棵菩提心樹，輕輕坐下，閉目納涼？體會陣陣利他清風拂面，待心頭熱惱漸漸清涼，你便更有心力，去面對第一千次的挑戰，陪伴一顆年幼的心漸漸長大。

304 ○○○○

無限生命的視野

生命是一個無限的、無限的延伸，不是只有這一生就完了。因此，大可以把目光從眼前望向無盡的未來，打造更美好的來生。

305 ○○○○

平凡中的偉大

不一定要去做什麼驚天動地的事，最驚天動地的就是你的心了。你可能只是掃個地、擦個桌子，做這些看起來很平常的事，一旦用一個偉大的目標統攝時，就能成就偉大的一生！有一天就突然發現，你的心發出了萬道光明照耀這個世界，那即是你心性光明的非凡綻放。

306 ○○○○

溫暖的教化

關注他人苦樂的心，要努力讓它變得越來越真誠、越來越無染，慢慢會發現與他人的關係開始改善了，改善之後就可以令「教化」發生，實際上就是用你身口意的行為感化他人。這股暖流會溫暖很多很多痛苦的心，讓很多人有勇氣去行善，遇到挫折時他也會繼續前行。

307 ○○○○

永恆的光明能源

大乘發心是這個世界永恆的能源體，永恆的光明、永恆地發起善業之地。一切的佛菩薩看到這個發心的人會有什麼感覺？就珍愛啊！因為珍愛他就等於珍愛很多很多人的生命，有這個心就會保護很多人不受傷害。

308 ○○○○

編織善的共業網

平常最好能多心存善念、口說善言，多表達內心的感恩，把這個共業網，像織布一樣織得非常地絢爛，不要讓它襤褸不堪，乃至到最後被惡業反撲而撕毀，因為自己的苦樂和他人是息息相關的。

309 ○○○○

修道種樂因

「無上菩提」就是所有的快樂都圓滿的佛陀果位，而這個「道」就是能引生佛陀果位的方法。所謂的修道，也就是一定要在善所緣上數數地令心安住、令心堅固，廣泛種下能達到快樂的因。到處都是快樂的因之後，自然就能快樂無窮。

310 ○○○○

誰也奪不走的喜悅

修行人要慢慢學會依靠法得到快樂。法，就是從捨惡取善開始。面對痛苦，一次又一次地以法為依靠，取捨對了，歡喜力就會漸漸生起來。這樣的習慣練成之後，會發現生命變得自由，無論別人讚賞或是批評，總之內心降伏煩惱的那一分喜悅，是誰也奪不走的。

311 ○○○○

學會跟困難鬥智

在遇到困難的時候，要學會和它鬥智、鬥勇，一定要想方設法超越。

312 ○○○○

天堂與地獄的差別

傳說天堂的人用的勺子很長，他們吃飯都是互相餵的，所以大家都能吃飽，過得很幸福；地獄的人也用長勺子吃，但只想給自己吃，結果誰也吃不到。這說明了什麼？「以他人為中心的幸福人生觀，以自己為中心的痛苦人生觀」。

313 ○○○○

生命的價值感

我們在相互幫助中，會體會到自己的生命在他人生命中的價值感，這種價值感能讓一個人不會自尋死路。一旦發現自己是一個有用的人，就不會選擇毀滅自己。

314○○○○

未來的希望

只要我們不絕望，孩子們就有希望了！要相信人是可以改變的！假以時間、假以智慧、假以無盡的慈悲，是可以改的！

315○○○○

堅持最美好的希望

在這條路上我們必須堅持努力下去，守護著希望。這個希望到底是什麼？佛陀說的，所有的眾生都可以轉變，都可以變成最美好、最無私、最有智慧的那個人，這是佛陀用他最清淨的慧眼澈見的真實。

316○○○○

二種心情

「這個問題把我卡死了」，為此感到焦灼沮喪；和「這個問題是我準備超越的，這只是顯示了我的慧力不足」，積極地去找辦法把它超越。後者的心情是欣喜的、有點躍躍欲試的期待感，而且會覺得希望無窮。

317 ○○○○

最快樂的職業是修行

希望從每天、每分每秒的努力之中，我們都慢慢地學會如法的修行。一旦體會到修行的美，就會打你也不走、罵你也不走，就是一定要修行。天上人間最快樂的一個職業就是修行人了！因為他只是運用自己的心來操作，就可以得到最完美的快樂，實在是妙不可言！

318 ○○○○

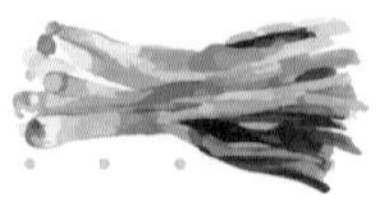

助人得以離自苦

有沒有這樣的經驗？你心中有一件很煩惱的事情，結果出去之後發現一個很苦惱的人，你就特別想要幫助他。在幫助他的過程中也遇到一些困難，但是你一直想幫他，結果這件事結束了之後，你突然發現自己那個很可怕的情緒，或者很可怕的低落的階段就過去了。

319 ○○○○

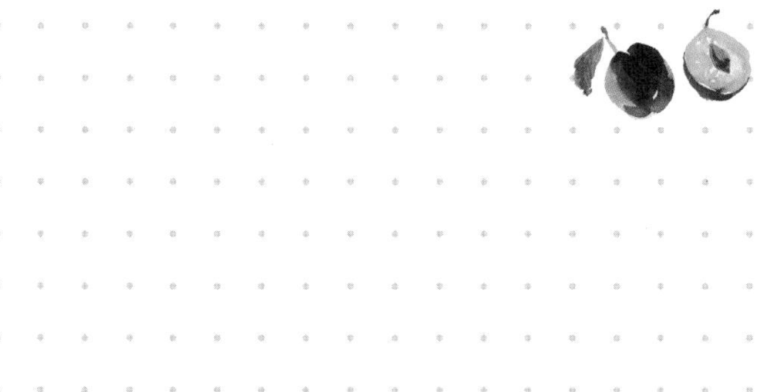

助人之心離無明

我發現當我靠近每一顆心，想要幫助每一顆心的時候，實際上每一顆心都在幫忙我，幫我去除對另一顆心的無明。

320 ○○○○

佛法出生一切美善

佛法美啊！般若美啊！美在哪裡呢？就是誰碰到誰就得到益處。你這樣修了之後，自己得救了，然後把你得救的方法告訴其他人，誰修了誰就得救。它會出生一切善的、樂的、美的一切好東西，所以才叫寶啊！

321 ○○○○

真實之法最有魅力

人啊，你要是找到一個他最喜歡的事情，他是可以一直做下去的。那你說學佛法可以像網路遊戲那麼迷人嗎？為什麼不可能呢？虛假的東西都可以那麼有力，真實的東西難道不是更有魅力嗎？

322 ○○○○

利他的喜悦

雖然我們自己的心中對道的某一些體悟，也會喜悅、也是會清涼的；但是看到他有情的心續中，自己辛勤播下的善種子開始冒出嫩芽，長出綠葉，在陽光下隨風搖曳，那種喜悅更是凌空欲飛，波湧如海，風光無限。

323 ○○○○

歡喜的修法行

喜悅，只能從感受上獲得嗎？超越了感受，讓思惟進入到正向光明的作意時，是否那嚴謹的思路，也會出生喜悅呢？在每件事發生的時候，要清淨發心，正行時，將護三業。做對的部份，隨喜自己；做不對的部份，向內調伏、懺悔；再將自己已做的善，悉數迴向無上菩提。那麼，總結起來，可清晰明現的是自己在斷惡修善的征途上，勇悍前行。至此，可歡喜嗎？

324 ○○○○

振奮心力一念間

當你把心力振奮起來的時候，困難就變小了；如果不振奮，芝麻點大的事也可以讓你粉身碎骨。心志就是這樣的一個東西！

325 ○○○○

當自己生命的導演

每一刻生命的光陰，都是你自己可以操縱，用來達到未來快樂的時光。你是自己生命的導演，自己寫劇本、自己主演，自己受樂、受苦。

326 ○○○○

常敗將軍

我是一直失敗，但為什麼是將軍而不是逃兵呢？因為我確定再一直一直努力下去，這個困境是會被突破，乃至苦根也是會被徹底摧毀的。

327 ○○○○

如覆大地的防護力

《入行論》說：「片革墊靴底，即同覆大地。」對境如何防護自心？就像你的腳穿了鞋，等於覆蓋了整個大地，沒有東西可以刺到你的腳，那就是正念正知的力量。

328 ○○○○

讓世界更美好

如果我們能踏實地從此棄惡從善，都變成一個非常良善的人，這個世界會因為我們改變自己而變得更加美好。

329 ○○○○

虛妄與真實

世上很多事情看起來很有誘惑力、很有魅力，但是你真正走進它的時候，實際上是很空虛的，這就是五欲八風的滋味。但是如果聞思正法，你越靠近它、用心去琢磨它，慢慢地學會結合內心的話，會對自他的生命產生真實的饒益，會得到真實的法喜。

330 ○○○○

和合能生究竟樂

為什麼我們要朝著與他人和合的方向串習，不朝著發展自我而不管別人的方向串習呢？因為你看佛陀慈愛眾生，就知道快樂是怎麼出生的；你看眾生都只愛自己，就應該知道痛苦是怎麼出生的。

331 ○○○○

善業豐收念師恩

當你看到滿眼善業豐收的美麗風光時，一定會想到：是誰使這一切變得這麼美？那個時候對師長恩德的憶念就不只是文字，在自己的身心上可以找到落腳點，是很真實的——我靠近他，聽聞他說法，得到了這些！

332 ○○○○

學習的心

一旦我們的內心調到一個學習的角度，無論面對任何境界，我們只會計算學到了什麼——昇華內心，服務他人。我們最在意的是內心的收穫，所謂欲平天下者，先平自心。

333 ○○○○

如何讓正法久住

對難可值遇的佛法，一定要生起珍惜、祈願它久住的心。怎樣令正法久住？聽法的如法地聽，講法的如法地講，佛法就會久住。

334 ○○○○

增長慈悲就減少傷害

佛法告訴我們，要讓心從一種不原諒、瞋恨，或者憂傷的狀態，調整到理解、感恩，增長智慧和慈悲的方向。一旦調整到這樣的方向，我們慢慢會感覺到自心的力量，就不會那麼害怕別人的傷害。

335 ○○○○

發心剎那即成菩薩

當生起菩提心那一剎那間，縱然是個還沒有證得空性的凡夫，你已經是菩薩了。微風吹過你的衣服、吹過你的頭髮，再吹到另一個眾生身上，他就得到益處了。有了菩提心，你就是大寶藏、人天的應供處。

336 ○○○○

速成菩提慰蒼生

讓我們早一點發起真實的菩提心，證悟甚深的空性，乃至用最速疾的修法去成就無上菩提，以慰天下蒼生！

337 ○○○○

禮敬大雄世尊

佛陀是最強大、最勇悍的，沒有什麼可以難倒他，禮敬那不再被業惑之繩捆綁的大自在！他在輪迴中無數次將陷溺在惡業裡的我們拯救出來，過程雖然壯烈，但勝利實在輝煌！從發心起，直至成佛，所有努力皆為利益有情，禮敬那白蓮花般聖潔的志向！禮敬大雄世尊！

338 ○○○○

終極幸福絕對可能

所有的生命有沒有終極幸福的可能性呢？佛陀給出了令我們心悅誠服的答案：是絕對可能的！為什麼呢？因為所有的生命都有離苦得樂的趨向性。就是這樣的能力，會促使大家去尋覓，如何達到那沒有一絲絲痛苦、永恆快樂的生命境界？有無數的佛陀都已圓滿實現了那個夢！

339 ○○○○

修行人的快樂

物質的依賴已退居到最小的角落，盛滿心靈宴饗的法餐，豐盛而極度奢華。華衣美食的喧擾，已化成月下禪思的寧靜。一朵出塵之花，在人生的各種境遇中傲然地綻放，清香遠逸。 340 ○○○○

步步減過分分生德

痛苦的腳下如何出生快樂的蓮花？解脫的輕風怎樣拂去煩惱的塵埃？功德無不圓、過失無不離的美月，何時胸中朗耀？步步減過，分分生德，漸行漸趨，直至菩提。 341 ○○○○

衣帶漸寬終不悔

修行一定要有「衣帶漸寬終不悔」的決心。歷經風雨的艱辛後，總有一天，打開那窗子：哇！千樹萬樹梨花開！走進我期待的那座離塵的花園，美妙的覺受競相盛開，我的心就成為功德花海。

342 ◯◯◯◯

最終極的孝道

佛法是最終極的孝道，因為他把每一生的父母都放在心上，想要給予父母最究竟的快樂，從衣食奉養，承歡膝下，昇華到拔除父母所有痛苦最究竟的苦根！這是作為學佛的弟子，報答這一世乃至無量劫來的父母親，所要盡的一個大孝。

343 ◯◯◯◯

生命真正的歸宿

能發心趣向大乘的人，會令佛菩薩的心無限地喜悅，因為這是所有生命真正的歸宿。必須捨己為人，為很多人效命，自己的生命才能夠得到真正的昇華，才能夠擺脫痛苦的困境，也同時撐持了天上人間最美的教法。

344 ○○○○

離苦得樂的舟航

教典是離苦得樂的舟航，每一條理路，都會消滅我們內心中的非量、建立合量的理路。所謂的合量，就是什麼是快樂、什麼是痛苦；什麼是快樂的因、快樂的果，什麼是苦因和苦果，教典中廣泛無謬地宣說這些真理。

345 ○○○○

困境中的收穫

一切困境終究會過去，烏雲不可能永遠遮住太陽的光輝，這只是一個短暫的過程。關鍵是走過的時候，你帶了一些什麼禮物？穿越這段時光，你帶著什麼寶貝走到下一段？到底增加了一些什麼本事，長養了多少慈悲與智慧？這是我們要算計的。

346 ○○○○

立定信念走大乘

立定一個當菩提薩埵的堅定信念，而且從此做每一件事都立定這個心念，你就開始走向了大乘之路。

347 ○○○○

思惟的力量

將違緣轉為順緣是一個艱辛的歷程，但只要矢志不移、方法正確，人類最了不起的是什麼力量？就是心力。心力是怎麼獲得的？由思惟獲得的。一旦得到這種力量，你是可以轉變命運的。轉變命運是什麼？就是改變現狀和未來。 348 ○○○○

調伏自心之路

修行的第一步，從親近善知識開始就要調伏自心，到後面的六度，都是要調伏自心，沿著這樣的方向，我們才能完成自覺覺他的這條路。 349 ○○○○

超越輪迴的希望

宇宙有兩大類現象，一類就是生死，另一類就是涅槃。生死是痛苦的，涅槃是快樂的。我從小就想探索有沒有超越生死的可能，是不是所有生命在這裡邊都沒有辦法？後來居然找到了希望──佛陀，他就超越了這個苦難的生死輪迴！

350 ○○○○

偉大的心靈教育

佛陀的心靈教育，正好可以突破現代教育的瓶頸，如果這個教育能夠深入到家庭、深入到各行各業，實際上大家會很和樂的。

351 ○○○○

幸福之路就在腳下

學習佛法，做一個幸福、和平的人，甚至給周圍的生命也帶來這種希望，其實並不困難，從布施一個微笑，說一句感恩的話開始，路就在腳下！

352 ○○○○

佛法真實不虛

佛陀的真理之所以震撼人心，是因為它太真實了！面對它的時候，你不能迴避、不能躲藏。它是一種靈魂深處最真摯的相對。

353 ○○○○

最大的恩人

佛陀是我們最大的大恩人，他從最初發心、中集資糧、最後成就正等正覺，全都是為了拯救你我痛苦的生命。他經歷了難以數計的苦行，生生世世為你我無悔地奉獻，這樣的恩情，我們何以為報？

354 ○○○○

聞法最直接的利益

聽聞佛法帶給我們最直接的利益，就是真的會變得聰慧，聰慧的人就知道到哪去找幸福。

355 ○○○○

正法久住生命向榮

正法如果能夠久住，我們又能夠跟法相應，並且引領更多的人跟法相應，即便是在這個苦難的輪迴，生命還是欣欣向榮的。

356 ○○○○

成佛的意義

成佛意味著我們的生命沒有一點點遺憾，沒有一點點不圓滿，沒有一點點錯謬，對一切事物悉知悉見。

357 ○○○○

菩薩的願行

菩薩，能給絕望的人帶來無窮的希望，在沒有路的地方走出千萬條路，幫助他人從痛苦走向無盡的快樂，這就是菩薩的願行。

358 ○○○○

自利利他的人生

改變自己的心，給自己帶來希望、光明和充實的人生，從而影響他人，利益他人。佛法就是這樣的——「自利利他」。

359 ○○○○

為利眾生願成佛

看到一個小生命，即使他不認識我們，也想要讓他離開痛苦得到歡樂，把這種心推而廣之，願所有的生命都離開所有的痛苦，願所有的生命都得到至極的快樂。那怎樣才能有力量荷擔所有眾生離苦得樂這件事？一定要成佛！

360 ○○○○

正理之路

一切佛語皆可現為當前一念的修行，用以斬斷煩惱，趣向智慧，離開非理作意的泥潭，踏上如理作意的寶洲。因為所有的理路，都可以讓我們心靈的腳更健壯，越跑越快，到最後健步如飛，用一個理路就跑到死亡見不到的地方，那這一輩子就徹底贏了！

361 ○○○○

走出一條康莊大道

要好好珍惜過去生辛辛苦苦得來的善果，要讓它越變越大、越變越大，創造出自己生生世世都受用不盡的幸福。這都是由於師長三寶在前面引路、在左右陪伴，我們才能在世間這個充滿苦惱的荊棘叢裡，走出一條康莊大道。

362 ○○○○

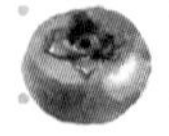

生命的劇本

生命就是這樣，剎那剎那不停地向前流去，而未來會怎樣，則跟我們現在做什麼有直接關係。所以現在就是在寫劇本，自己就是導演，然後未來自己去演出。因此在撰寫下一世的腳本的時候，不要把自己塑造成悲劇的主角，一定要是一個歡歡喜喜、吉祥如意、莊嚴聰慧、善根豐厚的人。

363 ○○○○

最完美的生命

用我們的生命、用我們的眼淚、用我們所有的一切的一切，讓大乘佛法的瑰寶在世界上傳承下去，而且從現在開始，盡未來際都做這件事，天上人間實在是找不到比這更完美的生命！

364 ○○○○

光明海載黃金舟

光明的大海，傳承著黃金之舟，每一縷光波，輝耀的是佛陀千古的悲心、永恆的智慧。那在黑暗中痛苦、摸索、沉淪的有情啊！快來這裡，這裡有溫暖！這裡有光明、希望和力量！快登上這大乘的黃金之舟，速到彼岸！

365 ○○○○

希望新生
Hope
Embark

Hope
Embark
希望新生

Hope
Embark
希望新生

國家圖書館出版品預行編目(CIP)資料

《希望・新生》四季法語 / 真如著 . – 初版 . –
臺北市 : 福智文化 , 2018.01
面 ;　公分 . –（語自在 ; 1）
ISBN 978-986-93257-5-2(精裝)

1. 佛教說法 2. 佛教修持 3. 修身

225　　106023782

《希望・新生》四季法語

語自在 001

作　　者　真　如
法語編輯群　福智僧團法寶中心、福智南海寺僧團法寶組

企劃主編　丁瑞愉
責任編輯　陳柏諺
美術編輯　蘇淑玲、王瓊玉
封面設計　蘇淑玲
印　　刷　和宜彩色印刷包裝有限公司

出 版 者　福智文化股份有限公司
地　　址　台北市八德路三段212號9樓
電　　話　(02) 2577-0637
客服Email　serve@bwpublish.com
總 經 銷　時報文化出版企業股份有限公司
地　　址　桃園市龜山區萬壽路二段351號
電　　話　(02) 2306-6600
出版日期　2023年12月　初版十四刷
定　　價　新台幣 350 元
I S B N　978-986-93257-5-2